¿Por qué d

Curación Espiritual es una obra com... hasta ahora haya leído. Este es el único libro que necesitará para el total cuidado de la salud, para sanarse en niveles superiores y sanar a las personas que le rodean. Aquí encontrará información completa sobre dietas, nutrición y sanación espiritual en niveles etéricos.

La energía de curación siempre está fluyendo a través del cuerpo. Aprenda a reconocer y emplear esta energía para curar las enfermedades y variedad de problemas que agobian la vida diaria.

Originalmente escrita en idioma alemán, luego traducida al Inglés y ahora en su primera edición en español, *Curación Espiritual* es presentada con un enfoque confiable, sencillo y acertado. Swerwood ha tomado el misterio de la curación y ha entregado a sus lectores un libro útil y práctico.

Es el momento de aprender a combatir situaciones estresantes y el negativismo con una técnica probada paso a paso y a reprogramarse hacia un estado óptimo de positivismo que nos conduzca a una existencia saludable.

La curación espiritual ocurre en cuatro planos. El más alto es el espiritual, donde reside el Todo, la fuente de curación. Después está el plano mental, que es el nivel del pensamiento y de la mente. Luego viene el plano etérico que es donde residen las emociones y, por último, el plano físico, el nivel de la materia física que la mayoría de las personas creen erróneamente es el único nivel de la vida. En este nivel la enfermedad se manifiesta finalmente.

Sherwood nos muestra como el estado legítimo de la existencia puede eliminar la enfermedad y disfrutar de la salud y la felicidad.

Acerca del autor

Keith Sherwood nació en Nueva York en 1949. Conocido internacionalmente como maestro y sanador, fundó el American Psychic Association. Durante dos años fue su director y también editor de la publicación titulada *Psychic*. Sherwood ha aparecido en muchos programas de radio y televisión en los Estados Unidos y Europa; durante tres años fue el productor de "Psychic Seminar", un programa semanal de televisión de Nueva York. Con regularidad enseña en Europa la Terapia del Chakra, una síntesis de las técnicas occidentales terapéuticas Taoist, Yoga y Tantra.

Su método ecléctico para trabajar la energía es el resultado de los años de estudio en la psicoterapia y como terapeuta moderador de grupo con adictos en la ciudad de Nueva York. Más tarde, Sherwood viajó a las montañas de Guatemala donde estudió con un maestro Gurdief y se entrenó en Yoga y Pranayama. Luego se convirtió en ministro y trabajó en República Dominicana donde sus poderes latentes como sanador y clarividente emergieron. Después de dejar la iglesia en 1978 se dedicó al estudio de la Energía Humana y la Curación.

Correspondencia al autor

Para contactar o escribir al autor, o si desea más información sobre este libro, envíe su correspondencia a Llewellyn Worldwide para ser remitida al autor. La casa editora y el autor agradecen su interés y comentarios en la lectura de este libro y sus beneficios obtenidos. Llewellyn Worldwide no garantiza que todas las cartas enviadas serán contestadas, pero si le aseguramos que serán remitidas al autor. Favor escribir a:

Keith Sherwood
℅ Llewellyn Worldwide
P.O. Box 64383, Dept. K627-0
St. Paul, MN 55164-0383, U.S.A

Incluya un sobre estampillado con su dirección y $US1.00 para cubrir costos de correo. Fuera de los Estados Unidos incluya el cupón de correo internacional.

Alternativa para la salud

Curación Espiritual

Keith Sherwood

traducido del inglés por
Edgar Rojas

Llewellyn Español
St. Paul, Minnesota 55164-0383
U.S.A.
2000

Curación espiritual © 2000 por Keith Sherwood. Todos los derechos reservados. Ninguna parte de este libro puede ser reproducido, incluso en el Internet, sin permiso escrito de la Editorial Llewellyn, excepto en el caso de citas breves en artículos importantes y en la crítica de libros.

PRIMERA EDICIÓN
Primera impresión, 1999

Edición y coordinación general: Edgar Rojas
Editor colaborador: Maria Teresa Rojas
Traducción: Edgar Rojas
Diseño de la portada: William Merlin Cannon
Diseño del interior: Pam Keesey
Dibujos y gráficas: Carrie Westfall

Library of Congress Cataloging-in-Publication Data.
Librería de Congreso. Información sobre ésta publicación.
Pending. Pendiente.

La Editorial Llewellyn no participa, endosa o tiene alguna responsabilidad o autoridad concerniente a los negocios y transacciones entre los autores y el público.

Las cartas enviadas al autor serán remitidas a su destinario, pero la editorial no dará a conocer su dirección o número de teléfono, a menos que el autor lo especifique.

Llewellyn Español
Una división de Llewellyn Worldwide, Ltd.
P.O. Box 64383, Dept. K627-0
St. Paul, MN 55164-0383, U.S.A.

www.llewellynespanol.com

Impreso en los Estados Unidos de América

Contenido

1. Introducción a la curación 1

2. El peligro del miedo 11

3. En el interior del sanador 19

4. La enfermedad mental 33

5. El estado alfa-teta 47

6. Los chakras 59

7. Prana 69

8. Curación en ausencia..................................79

9. Curación mental 93

10. Diagnóstico para la curación y el aura 103

11. El chakra de la curación............................121

12. Curación completa en ausencia..................135

13. Preguntas sobre la curación en ausencia....143

14. La imposición de manos 151

15. Polarización 165

16. Curación empática......................................177

17. Más allá del ego 189

18. Mantenerse saludable..................................199

    Notas..219

    Indice 225

1

Introducción a la curación

La energía de curación siempre está fluyendo a través de su cuerpo. Con este libro aprenderá a reconocerla y emplearla para sanarse a sí mismo y a las personas que lo rodean. La energía de curación está disponible a todo el que sea receptivo a ella, crea en su existencia y espera transformar su vida cambiando la enfermedad por la buena salud. La salud es un regalo de Dios para quienes la desean con sinceridad. Esto puede ser comparado al proceso de renovación que ocurre continuamente en cada ser humano y lucha por mantenerlo saludable todo el tiempo. El sanador intercede y ayuda a acelerar el proceso de curación cuando la buena salud se quebranta. El sanador actúa como agente restaurador de la salud, la armonía y el equilibrio. A esto se le denomina curación espiritual porque Dios, el Todo, la fuente de curación, la existencia suprema, reside en el plano más alto que podamos concebir: el Plano Espiritual. Desde allí, su esencia se transmuta a planos inferiores.

En el Bhagavad Gita se lee: "El espíritu eterno...tiene en todas partes sus manos y sus pies, tiene sus ojos que ven, sus cabezas que piensan y bocas que hablan. En todas partes se escucha. El cubre y mora en todos los mundos". [1]

El paciente

En la curación espiritual no se ve al paciente como la víctima de su enfermedad. Su comportamiento, actitud y estilo de vida se ven como factores importantes que fomentan y alimentan la enfermedad. Como consecuencia, al paciente se le ve siempre como el protagonista principal de su propia curación. En la curación espiritual, se le invoca al paciente a permanecer activo más que pasivo. El es finalmente el responsable de su propia curación.

La curación espiritual es diferente a otras formas de curación (alopática, homeopática, quiropráctica) y confía en la habilidad del sanador para canalizar directamente la energía de curación hacia su paciente así como su habilidad para emplearla en su propia curación. En gran parte este es un proceso inconsciente que emplea habilidades latentes en todas las personas. Hoy en día, la medicina busca alterar las condiciones en el cuerpo humano de modo que éste pueda sanarse, pero no entiende el significado de la curación o dónde se origina la energía de curación. La curación, más que la eliminación de los síntomas físicos y la restauración de la salud física, es el regreso al equilibrio y a la armonía. No puede existir salud física completa a menos que el ser total sea saludable y esté en armonía con los ambientes externos e internos.

Salud total

La salud total es el objetivo de la curación espiritual. Este objetivo no es algo a lo que se llega y luego se olvida. La curación es un proceso. Nos movemos en dirección de la salud o de la enfermedad. Cada persona debe ser responsable por su propia salud. No hay excusas cuando de la salud se trata, porque la evolución humana siempre es constante. Existen fuerzas negativas que nos empujan hacia la enfermedad y fuerzas positivas que nos empujan hacia la salud. El sanador tiene en cuenta estas influencias, las guarda en su mente y lucha por cambiar lo negativo por lo positivo. El o ella busca sanar en todos los niveles.

El sanador

La tarea del sanador es identificar las causas de la discordia y la enfermedad en el paciente en cualquier nivel en el que se encuentre y luego canalizar la energía de curación de modo que se eliminen las causas de la enfermedad, se restaure el equilibrio y los síntomas desaparezcan. Esto se logra trabajando en equipo con la Voluntad Divina y permitiendo ser guiado a la unión con la conciencia divina. Cuando el hombre logra lo anterior, la Energía Divina lo sana, le enriquece y le enseña.

En las canciones de Kabir se lee: *tinwir sanjh ka gahira awai*

Las sombras de la noche caen densas
  y profundas y la oscuridad del amor
  cubre el cuerpo y la mente.
Abre la ventana al Este y
  te perderás en el cielo del amor.
Bebe la miel dulce que remoja
  los pétalos del loto del corazón.

Recibe las ondas en tu cuerpo:
que la gloria está en el mar.
¡Escucha! Los sonidos de las conchas y campanas
aumentan.

Kadir dice: "¡Oh hermano mirad!
El Señor está en la sangre de mi cuerpo".[2]

Como se puede suponer, el sanador tiene una visión única de la salud y la enfermedad. El no las percibe de la misma manera como lo hace la mayoría de las personas. El no ve la enfermedad y la salud o la vida y la muerte como condiciones separadas. El sanador ve la salud y la enfermedad como polos opuestos difiriendo solamente en su contexto. El sanador entiende que aquellos que están enfermos se han dejado arrastrar hacia el polo negativo (la enfermedad) y ahora encuentran imposible alcanzar el polo opuesto (la salud) sin ayuda exterior.

La enfermedad

La enfermedad se ve como un giro hacia el polo negativo que provoca el quebrantamiento de la salud, desequilibrando a la persona. Existe un vínculo directo entre el estrés que quebranta la salud y el equilibrio y la manifestación de síntomas físicos. Se ha estudiado el estrés provocado por alteraciones en el estilo de vida y se ha mostrado que tiene un impacto significativo en la salud. Un reporte de la revista médica británica *Lancet* citaba que la incidencia de ataques cardiacos fatales se incrementó notablemente en Atenas después del terremoto ocurrido en 1981. Un estudio australiano sobre las consecuencias posteriores a la pérdida de un ser querido ha mostrado que ocho semanas después de la muerte, el afectado presenta un sistema inmunológico debilitado que lo hace más vulnerable a las influencias negativas del medio ambiente y así más susceptible a la enfermedad. El American Academy of Family Physicians (Academia Americana de Medicina Familiar) afirma que dos terceras partes de las consultas médicas se deben a síntomas relacionados con el estrés. El Dr. Joel Elkes, director del Behavioral Medicine Program (Programa de Medicina de Comportamiento) de la Universidad de Louisville, afirma que hoy en día el sistema de vida en los Estados Unidos es la causa más importante de la enfermedad.

Los curadores espirituales siempre han entendido que la enfermedad no es causada solamente por microbios productores de epidemias. Estas criaturas no son la raíz de la enfermedad. Lo que parece causarlas son síntomas de problemas más profundos provocados por el desequilibrio que pueden ser localizados en planos superiores.

El alimento

Existen cuatro planos en los cuales vivimos los seres humanos. El desequilibrio puede originarse en cualquiera de ellos. Este puede ser causado por la separación de una persona de su fuente de alimento en cualquiera de los cuatro planos. La separación es más aguda cuando alcanza el plano espiritual y el individuo se separa del Todo, la fuente de alimento espiritual. La Fuente Divina busca eternamente la unión con su creación y podría asegurar la salud y la armonía de cada individuo si es consciente que requiere del alimento espiritual para mantener la salud. No obstante falta conciencia y la unión se rompe fácilmente. Cuando ocurre el rompimiento, la interferencia de energía en el plano espiritual obstaculiza la transferencia de energía de curación desde el Todo hacia el espíritu humano. Entonces no hay energía disponible suficiente para la transmutación hacia los planos más bajos. Cuando esto ocurre, el individuo comienza a deslizarse hacia el polo negativo, y el debilitado proceso de renovación no puede neutralizar el negativismo encontrado en los planos más bajos.

Los cuatro planos

El sanador percibe al mundo como una existencia abundante de vida en cada nivel. El sanador observa al universo como una gran relación de mente, cuerpo y espíritu, todos equilibrados por Dios, el Todo.

El sanador ve al universo como un sistema complejo de niveles interconectados que vibran en frecuencias diferentes. El hombre ha designado diferentes nombres a estos niveles según su tradición y cultura. Para simplificar, dividiremos el universo en cuatro planos diferentes de acuerdo con la Metafísica Occidental. Esta corriente es en gran parte derivada de la antigua filosofía del Hermetismo y corresponde estrechamente a las enseñanzas hindúes y cristianas. El nivel más alto es llamado "plano espiritual". En él reside el Todo, la fuente de curación. Bajo el plano espiritual está el nivel del pensamiento y la mente denominado "plano mental". Enseguida está el plano etérico, lugar de las emociones. Algunas veces a este plano se le llama "plano astral". Por último, se llega al "plano físico" que es el nivel de la vida física y la materia. La energía y la materia de vibraciones diferentes existen en diferentes planos. La energía de las vibraciones más bajas puede ser transmutada hacia los planos superiores incrementando sus vibraciones mientras que las vibraciones superiores pueden permanecer en los niveles más altos o pueden ser transmutadas desde los niveles superiores para emplearlos en los niveles inferiores. Los humanos colocan las dimensiones formando un puente entre el plano más alto (espíritu) y el más bajo (materia).

El hermetismo

A lo largo de este libro continuaremos haciendo referencia a la filosofía del hermetismo y su importancia en la curación espiritual. El hermetismo es la base y el principio fundamental en el cual se construye el conocimiento de la curación espiritual. Si el sanador espera dominar las técnicas de curación espiritual es esencial que entienda esto.

El hermetismo se originó en el antiguo Egipto. Se cuenta que el dios egipcio Thoth, dios de la sabiduría —a quien los griegos más tarde llamaron Hermes Trimegisto— se lo regaló a la humanidad. En tiempos antiguos, Hermes Trimegisto fue aclamado como el "Maestro de Maestros". Si Hermes existió, es él realmente el padre del conocimiento esotérico. No se tienen detalles acerca de su vida pero una tradición afirma que él fue contemporáneo de Abraham. Tal vez fue el legendario Melquisedec a quien Abraham pagaba diezmos o con quien Jesús fue comparado cuando se le describió como "un sacerdote de la orden de Melquisedec".[3]

Cualquiera que sea la verdad, Hermes le dio al hombre un conjunto de enseñanzas que desde entonces han influido en la filosofía y la religión. Sus enseñanzas se encuentran en un conjunto de postulados establecidos de forma lacónica para el estudiante moderno en el *Kybalian*. Allí se aprende que toda la filosofía depende de siete principios sencillos y que la práctica de curación en sus muchas formas se entiende mejor en términos del hermetismo.

El primer postulado del Hermetismo establece: "La mente es el Todo. El Universo es mental".[4] Esto no significa que todo lo que se ve en el mundo material sea una ilusión, lo que los hindúes llaman *maya*. Cuando el hermetista o sanador dice que todo es mental se refiere a que la fuente, la raíz cósmica de todo lo animado e inanimado, es la mente infinita creadora (en sánscrito "*Ohm*").

Los humanos por ser conscientes pueden experimentar la mente infinita cuando ésta se manifiesta en su espíritu a través del *Yo soy* que está en el centro de su existencia.

El segundo postulado establece que "como es arriba, es abajo; como es abajo es arriba".[5] Si el Principio de la Correspondencia no tuviera una aplicación universal, no podríamos entender los planos de dimensiones superiores que existen sobre nosotros.

El tercer postulado, el Principio de la Vibración establece que "nada descansa, todo se mueve, todo vibra".[6] Al aplicar el Principio de Vibración en la curación, se puede observar que todo no sólo vibra sino que todo lo que vibra tiene una velocidad característica de vibración, ésta puede ser influenciada negativa o positivamente por otras vibraciones en el ambiente. Cuando se afecta la vibración de una persona negativamente se produce la enfermedad. El proceso de curación es el proceso en el cual se corrige la velocidad de vibración de una persona. Se puede explicar lo anterior pensando en la enfermedad como un balanceo o una vibración arrítmica. En un automóvil, cuando las ruedas están muy mal alineadas, se crea un balanceo que afecta la conducción. Para corregirlo, se debe revisar el alineamiento y el balanceo de las llantas. Lo mismo puede ocurrir en el sistema humano. La enfermedad en un área puede crear desequilibrio en otra área o en un sistema cercano. Un balanceo puede también comenzar en un nivel y ser transmutada al nivel contiguo. Por ejemplo, si no se corrige una vibración arrítmica en el plano etérico se perjudicaría el plano mental y el físico.

El cuarto postulado es el Principio de Polaridad. Este principio establece que "todo es dual, todo tiene polos, todo tiene su par de opuestos, iguales y diferentes. Opuestos o idénticos en naturaleza pero diferentes en su contexto. Extremos que se encuentran. Existen verdades completas pero también verdades a medias. Todas las paradojas pueden reconciliar-se".[7] De este principio, se puede deducir que el espíritu y la materia son simplemente dos polos de lo mismo y todo entre ellos tiene elementos de los dos variando solamente en su contexto (vibración). Si los opuestos son realmente lo mismo y si el espíritu y la materia son lo mismo (difiriendo solamente en su velocidad de vibración), entonces materia y espíritu son transmutables y la energía espiritual puede afectar positivamente cualquier cosa en el mundo físico incluyendo el cuerpo físico. Lo que se sigue a la experiencia humana es que el odio puede ser transmutado en amor, el dolor en alegría y la enfermedad en salud perfecta. Debido a que el sanador entiende el principio de Polaridad, él puede trasmutar la energía negativa a energía positiva en todo nivel.

El quinto postulado establece que "todo fluye hacia fuera y hacia adentro; todo tiene sus mareas, todas las cosas se levantan y caen: el oscilar del péndulo lo manifiesta todo. La medición del oscilar hacia la derecha es la medida del oscilar hacia la izquierda. El ritmo lo compensa".[8] El curador entiende la ley del ritmo. El presta atención al ritmo natural que encuentra en todas partes especialmente en él mismo. El curador aprende que el ritmo compensa y como el gran físico Hipócrates dijo: "Los opuestos son curas para los opuestos".[9]

Al ser más perceptivo a su propio ritmo y al de su paciente, el curador puede percibir el cambio en cualquier ritmo en particular y puede trasmutar la energía de curación en la vibración exacta o dosis que compensará la enfermedad o cambio que él encuentre en su paciente.

El sexto postulado establece que "toda causa tiene su efecto. Todo efecto tiene su causa. Todo ocurre de acuerdo a la ley. Se le llama casualidad a la ley no reconocida. Hay muchos planos de causalidad pero nada escapa a la ley".[10] El aspecto más importante de este principio de curación es que nada ocurre por casualidad. La raíz de toda enfermedad es una serie de eventos en los cuales la persona enferma participa. Su participación incluso puede ser en gran parte inconsciente. Finalmente, él o ella es el responsable y como consecuencia pagará con el tiempo el precio por acciones pasadas hasta llegar a la enfermedad actual y el dolor. A esta ley de causa y efecto se le denomina Karma. En la carta a Gálatas, el apóstol San Pablo dice: "A Dios no se le puede burlar, lo que siembra el hombre eso recoge".[11]

El séptimo postulado es el Principio del Género. Este determina que "el género está en todo. Todo tiene sus principios masculinos y femeninos. El género se manifiesta en todos los planos".[12]

Se deberá entender que el género representa más allá del sexo, las diferencias entre macho y hembra que son claras en el plano físico. El género se manifiesta en todos los planos. En el plano mental, el principio masculino se manifiesta como la mente objetiva o mente activa consciente. El aspecto femenino corresponde a lo subjetivo y a la mente pasiva inconsciente. En el plano emocional, el principio masculino se manifiesta como la agresividad, rabia, y todas las emociones extrovertidas. El principio femenino se manifiesta como la receptividad, la protección y todas las emociones introvertidas. Esta dualidad es inherente en todas las criaturas incluyendo los seres humanos. Como seres humanos, tenemos el elemento agresivo masculino y el elemento receptivo femenino. La tarea del curador es integrar esta naturaleza dual primero en sí mismo y luego en su paciente para traerle armonía y equilibrio.

2

El peligro del miedo

Nuestro estado mental determina que tan saludable somos. Por eso, en la curación espiritual se comienza a contrarrestar la enfermedad interviniendo en el nivel más accesible a nosotros, el plano mental.

Muchos de nosotros tenemos un código personal, un conjunto de creencias que guía nuestras vidas. Este conjunto de creencias es en gran parte determinado por lo que hemos vivido y aprendido del medio ambiente. Los libros que hemos leído, nuestras escuelas, familias y amigos han influido y ayudado a moldear lo que hoy somos. La gente y las instituciones han ayudado a formar nuestra visión del universo programando e influyendo en cómo nos vemos, que tan saludable somos, cómo reaccionamos, qué queremos e incluso a que le tememos. Acerca del temor, la Biblia habla del peligro, del miedo exagerado. En el Antiguo Testamento Isaías dice: "A Jehová de los ejércitos, a él santificado, sea él vuestro temor, y él sea vuestro miedo".[13]

En el Nuevo Testamento de nuevo dice: "Dios no nos ha dado el espíritu del miedo sino el poder y el amor, y la conciencia".[14] "Es este el espíritu del temor y sus compañeros: la ansiedad, la duda y la preocupación las que amenazan la salud.

Aunque con frecuencia nuestros temores son subjetivos e infundados, nuestra mente inconsciente actúa como la de un niño que cree lo que la parte consciente dice y no diferencia la realidad de la ficción. Si se le da rienda suelta a la imaginación y a los pensamientos negativos, la mente inconsciente será atormentada por fantasmas y monstruos. Cuando una persona es controlada por un conjunto de creencias promotoras del temor, los pensamientos irreales se convierten en hechos reales. Cuando esto ocurre, una persona puede ser víctima de las preocupaciones y las ansiedades sin fundamentos reales que después pueden producir la enfermedad física. La siguiente historia muestra los efectos de la imaginación negativa:

Un hombre embriagado caminaba lentamente por la calle llevando en sus manos una caja con huecos en la tapa y en los lados. Parecía que en ésta llevaba un animal vivo. Un conocido lo detuvo y le preguntó: "¿Qué tienes en la caja?".

"Es una mangosta," contestó el hombre tambaleante.

"¿Pero para qué?".

"Bien tu sabes. Ahora no estoy muy embriagado, pero pronto lo estaré. Cuando me embriago veo serpientes a mí alrededor y me asusto mucho y por esto tengo la mangosta, para protegerme de las serpientes.

"Santo cielo, esas serpientes tuyas son imaginarias."

"La mangosta también es imaginaria."

La caja en realidad estaba vacía.[15]

A pesar de ser una historia cómica, muestra que si una persona espera recuperar la armonía interior y la libertad debe controlar y eliminar el negativismo de la mente.

La doctora Caroline Thomas estudió por un largo tiempo los historiales médicos de 1337 estudiantes de medicina desde 1948 a 1964. Ella encontró que aquellos con experiencias negativas en sus familias habían contraído cáncer, alguna enfermedad mental o se suicidaron. El Dr. Carl Simington dice: "...parece lógico que si una persona puede influir mentalmente para que el cáncer se expanda o no, sea capaz de controlar su enfermedad, tiene sentido que pueda hacer algo cuando la enfermedad apenas comienza".[16]

La predisposición a lo negativo

Puesto que el pensamiento precede a la acción, lo que se imagine determinará la forma de actuar. Cuando se deja que la opinión de los demás influya en nuestras acciones, serán las demás y no nosotros los que planeen nuestro comportamiento. De esta manera, sin importar que tan compleja sea su realidad, no será determinada por usted sino por su condicionamiento externo.

Si durante años la familia, los amigos y las instituciones han influido negativamente en su vida, podemos afirmar que ha sufrido por culpa de dichas fuerzas. Es posible que en el futuro cuando el negativismo en su cuerpo físico llegue al máximo encuentre más sufrimiento. La programación negativa en cualquier nivel tiene un efecto peligroso sobre el cuerpo físico porque con el tiempo lo destruye desgastando la salud poco a poco. Las consecuencias fatales del negativismo se pueden observar en los niños con enfermedades de origen psicológico, no obstante son sólo la punta de un iceberg. Para los seres humanos el negativismo es el instrumento de la enfermedad que no se ve pero que afecta a todos, en especial a los más sensibles.

Durante toda la vida se ha sido entrenado para comportarse de ciertas formas, aceptar ciertas creencias y vivir bajo ciertas reglas. Gracias a este entrenamiento se ha formado un conjunto de creencias que influye en la profesión, las amistades y la salud. El modo de vivir será determinado por este conjunto de creencias y la reacción que se tenga frente a éste. Sin embargo, el seguir este conjunto de creencias no siempre es lo más productivo y agradable ya que puede crear conflicto con los propios instintos, deseos y necesidades. El entrenamiento negativo por ser perturbador puede acabar con el equilibrio, la armonía y provocar cansancio y miedo en el cuerpo físico. Debido al condicionamiento y al estrés que el entrenamiento negativo produce, éste puede ser como una bomba de tiempo que inevitablemente provoca la enfermedad. El entrenamiento negativo no tiene por que controlar o perjudicar físicamente a una persona. Como verá en capítulos posteriores, se puede cambiar el efecto del entrenamiento negativo y reemplazarlo por entrenamiento positivo, que le alimentará espiritualmente y le dará los principios para la salud y la felicidad.

Venciendo al negativismo

Es posible superar las limitaciones impuestas por el entrenamiento negativo y permitir que la energía de curación Divina fluya a través del cuerpo que sirve de canal como lo han hecho sanadores y shamanes, metafísicos y alquimistas, santos y santas. Se puede cambiar el estilo de vida y ser responsable por la salud y el bienestar. Se puede aprender a vencer el estrés para oponerse al entrenamiento negativo en cualquier nivel. Además se puede aprender a abrir los canales internos para dar paso a la curación. Es posible que el *Yo Soy* (el yo superior) surja y se convierta en un todo de nuevo. Esta ha sido mi búsqueda. Como sanador compartiré lo que he aprendido, explicaré como tuve éxito abriendo los canales en mi interior y como enfoco la energía que viene a través de ellos. Compartiré lo que he aprendido de mis profesores y los antiguos maestros cuyo trabajo aún existe. Aprenderá a emplear las técnicas disponibles más prácticas como una guía para su desarrollo espiritual. Al progresar se unirá con la fuerza de curación, la cual es la manifestación directa de Dios, el Todo. Aquel que vence el negativismo regresa al equilibrio y abre un canal para que fluya la fuerza de curación. Aprender a ser de nuevo parte del Todo puede lograr milagros como vemos en el Segundo Libro de Reyes:

> Y la mujer concibió y dio a luz un hijo al año siguiente, en el tiempo que Elíseo le había dicho. Y cuando creció vino un día a su padre que estaba con los segadores; y dijo a su padre: "¡Mi cabeza, mi cabeza!" Y el padre dijo a un criado "Llévalo a su madre". Y habiéndole llevado a su madre, estuvo sentado en sus rodillas hasta el mediodía. Ella entonces subió, y lo puso sobre la cama del hombre de Dios y cerrando la puerta se salió. Y cuando Elíseo llegó a la casa, he aquí que el niño estaba muerto tendido sobre su cama. El entonces, cerró la puerta tras ambos y oró al Señor. Después subió y se tendió sobre el niño, poniéndole la boca sobre su boca, y los ojos sobre sus ojos, y las manos sobre sus manos; así se tendió sobre él, y el cuerpo del niño entró en calor. Luego regresó, se paseó por la casa a una y otra parte y después subió y se tendió sobre él nuevamente y el niño estornudó

siete veces, y abrió sus ojos. Entonces llamó él a Grezi y le dijo: "Llama a esta sunamita" y la llamó y entrando ella, le dijo: "Toma a tu hijo".[17]

El comienzo

La creatividad no tiene límites para quien practique la curación. El sanador se convierte en una herramienta de la voluntad Divina (como un canal para la energía de curación) que trasciende el infinito. El sanador se convierte en un conducto del amor y la energía infinita. Durante el acto de curación, el sanador trasciende lo humano, y el Yo emerge y participa con Dios en la danza Divina, ¡una verdadera danza de vida! Dios no tiene favoritos. El envía sus regalos a todos los que sinceramente los deseen y los necesiten. Las personas que quieran servir sinceramente como canales, ser sanadores, ser sanados y sanar a otros no se desilusionarán. Para sanar se debe seguir el deseo de querer servir. El deseo es la llave. Uselo para abrir las puertas interiores y permitir que el poder sanador de Dios fluya. Recuerde que si uno le pide a Dios pan, él no le dará una piedra, sino maná, el pan espiritual, el pan de vida que se debe compartir luego con todo el que esté hambriento. La curación es el pan de la vida porque la curación es el proceso de renovación.

Para dar acceso a la energía divina y convertirse en canal se debe aprender a "contemplar" luego a "recordar" quien es usted y finalmente "recolectar" su propio Yo. El propósito de este libro es enseñarle a "contemplar" y ayudarle a "recordar" para traerlo de vuelta a la unión con la fuente de alimento espiritual, el Todo. De esta manera, se puede vivir saludablemente, convertirse en canal de curación y servir a los que sufren por cualquier enfermedad. El Budismo insistiría en que la unión con el Todo siempre ha existido pero la ignorancia impide que esto se recuerde. Estoy de acuerdo, no obstante, agregaría también que no solamente se está unido con el Todo, sino que también usted es un canal de curación. En la curación espiritual, se debe recordar que en la niñez ya se canalizaba la energía pero que con el paso del tiempo se olvidó gracias al descuido. Ahora, al "contemplar" de nuevo se puede recordar quien es usted y de esta forma canalizar la energía de curación. La fuerza de curación Divina es gratuita para todo el que lo pida. Todo lo que se necesita es que se abra el camino para ello. Se deben limpiar estos canales atascados y hacerlos útiles para un mundo que necesita desesperadamente de la curación.

La curación es en esencia la apertura de los canales. Cuando el poder de curación Divina inunda al ser, se puede ser sanado. Cuando esta energía espiritual (o "prana", el término utilizado en sánscrito) se enfoca hacia otra persona, entonces usted actúa como canal de curación. Este es el proceso de la transmutación de energía. La energía que viene del plano espiritual entra al espíritu y allí es transmutada. Luego entra a la mente (el plano mental), después a las emociones (el plano etérico) y desde allí fluye al cuerpo físico. Este proceso es un proceso natural que ocurre todo el tiempo en los seres humanos saludables.

Las herramientas del sanador

El tema principal de este libro se divide en tres partes: diagnóstico, curación y extensión de las manos. Aquí aprenderá a diagnosticar la enfermedad en sus pacientes. Aprenderá a observar y a sentir el aura para diagnosticar los problemas existentes en el debilitado sistema energético del paciente. Aprenderá técnicas diseñadas para reactivar los poderes psíquicos latentes de modo que pueda "percibir" y "sentir" de forma clarividente las dolencias físicas en sus pacientes.

Aprenderá a canalizar la energía de curación a distancia. Esto es llamado "curación en ausencia". Algunas veces se le llama "curación mental" pero la curación mental es incompleta. El sanador, a pesar de la distancia, puede más que proyectar pensamientos positivos, enviar rayos y colores para sanar. Además la persona que sana puede proyectar su conciencia en el cuerpo de su paciente y trabajar directamente en el área afectada. En la curación en ausencia, aprenderá a trabajar en niveles de conciencia más profundos. De estos niveles aprenderá a proyectarse los rayos de energía desde los chakras (centros energéticos). También aprenderá a usar afirmaciones verbales y visualizaciones para sanar.

En la extensión de manos, aprenderá a sanar a través de la vibración, polarización y finalmente la curación profunda, un proceso que lo unirá con su paciente, lo conducirá a través de las meditaciones y las técnicas diseñadas para abrir y equilibrar sus chakras. Aprenderá a relajarse por completo, a respirar adecuadamente de modo que pueda canalizar cantidades mayores de prana (energía de curación) en y a través del cuerpo. Con este libro no sólo aprenderá las técnicas necesarias para sanar a otros sino que aprenderá a sanarse a usted mismo.

3

En el interior del sanador

Para entender como el sanador transforma la enfermedad en salud, debe comprender que el ser humano es mucho más de lo que se imagina. Las limitaciones, cualquiera que sean, son autoimpuestas. El Dr. Frederic Tilney, un eminente neurólogo francés, manifiesta: "En el futuro, por necesidad consciente, desarrollaremos centros cerebrales que nos permitirán emplear poderes mentales que son ahora inimaginables".[18]

La idea del incremento del potencial humano no es nueva. Hace dos mil años Jesús les dijo a sus discípulos: "Si tuvieras fe como un grano de mostaza, podrías decir a este sicómoro, Desarráigate, y plántate en el mar; y os obedecería".[19] El extraordinario poder y capacidad que duerme en cada uno es una manifestación del inconsciente llamado frecuentemente

Yo Soy que se encuentra bajo el exterior y la conciencia. Nuestros poderes extraordinarios surgen de esta reserva interior. La curación es uno de estos poderes.

El Bhagavad Gita afirma, "Aunque el santo ve, escucha, toca, huele, come, se mueve, duerme, respira, conoce sin embargo la verdad y sabe que no es él el que actúa".[20] El sanador sabe que la parte consciente no es la que sana, porque el yo inferior o el ego nunca sana. El yo inferior pide permiso y se mueve para darle paso al yo inconsciente, al *Yo Soy*. Para dejar a un lado al yo consciente se debe comenzar a "contemplar". Sólo entonces se entenderá la función de la parte inconsciente. Al revelar sus características se descubrirá que el inconsciente no es uniforme porque por su complejidad parece familiar y extraño a la vez. A continuación describiremos brevemente el yo inconsciente y los planos en los cuales él trabaja.

El yo inconsciente y el ambiente interno de cada persona es subjetivo, único en muchas formas y para cada persona los detalles difieren. Cada ser humano es una síntesis de los elementos consciente e inconscientes. El yo consciente está relacionado con el mundo físico. El yo inconsciente tiene que ver con los mundos no físicos de más alta vibración.

Los cuatro cuerpos

El universo está formado por cuatro planos o dimensiones y cada ser humano está compuesto de los cuatro cuerpos existentes en estos planos. En el nivel consciente, se tiene un cuerpo físico que mora en el plano físico. El cuerpo físico da y recibe información a través de los cinco sentidos y se alimenta con la comida, el agua y el aire que respira. El cuerpo físico está compuesto de materia densa que vibra a una baja frecuencia. Es a través del cuerpo físico que el verdadero ser, el yo inconsciente, experimenta el mundo físico; este mundo está hecho de materia y de las energías y fuerzas que hacen que éste reaccione.

Se debe recordar que estas divisiones son algo arbitrarias, pues nada está separado del todo. Las divisiones o planos y los cuerpos separados son clasificados por conveniencia y claridad. El sanador no considera el cuerpo físico como una esencia separada ni a la materia como una sustancia única. Para el sanador, la materia es energía con vibración más baja y el cuerpo físico es una manifestación del todo también a igual vibración.

Esto se ajusta al principio del hermetismo, el principio de la correspondencia que dice: "Como es arriba es abajo".[21] Al aplicar este principio en la curación espiritual se puede comprender que la salud física de cualquier ser humano está relacionada directamente con la salud de sus cuerpos superiores que vibran en frecuencias más altas.

El cuerpo etérico

Cada ser humano tiene en el interior del cuerpo físico un cuerpo etérico que se ajusta en gran parte a la medida y la forma de su complemento físico. El cuerpo etérico como el cuerpo físico es un cuerpo real compuesto de materia aunque vibra a una frecuencia más rápida que la materia física. Se puede concebir su posición con relación al cuerpo físico con la analogía de la muñeca rusa. El cuerpo etérico encaja en el cuerpo físico, como la mano en un guante.

El principio de la "interpenetración", del cual hablaremos más tarde, explica que el plano astral o etérico más que un lugar es una condición por la cual cada átomo físico, molécula y cuerpo flota en un mar de materia astral. La materia astral penetra en el interior de la materia física y el cuerpo astral penetra en el cuerpo físico. La principal función del cuerpo astral es darle al cuerpo físico la energía necesaria

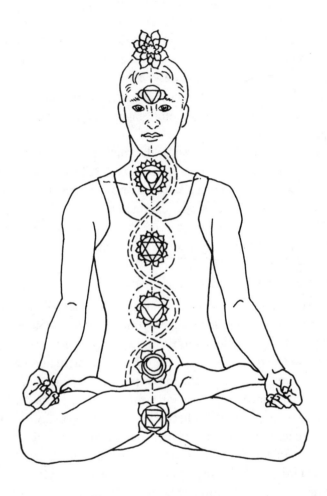

Figura 1: Los siete chakras

para existir y mantener la conexión a la red energética que se extiende bajo el universo. Esto lo hace a través de lo que yo llamo "el sistema energético", el cual está compuesto de: chakras, los siete principales centros energéticos encontrados a lo largo de la espina dorsal; los centros energéticos menores dispersos en todo el cuerpo; los meridianos que los conectan; como también el aura que rodea el cuerpo físico y que forma un escudo protector en forma de huevo. La energía procedente de planos superiores entra al cuerpo físico a través de los chakras localizados en la superficie del cuerpo etérico. Alice Bailey en su exhaustiva obra *Esoteric Healing* explica: "El cuerpo etérico es fundamentalmente el mecanismo de respuesta más importante que el hombre posee. El cuerpo etérico hace que los cinco sentidos funcionen adecuadamente. Por esta razón suministra los cinco principales puntos de contacto con el mundo tangible y también ayuda al hombre a percibir los mundos más profundos".[22]

El cuerpo mental

La relación interna del cuerpo etérico y el cuerpo físico es el cuerpo mental. El cuerpo mental es el centro del pensamiento y junto con el cuerpo etérico constituyen lo que comúnmente se llama alma. El cuerpo mental recibe y transmite pensamientos de otras criaturas vivientes como también recibe pensamientos del Todo cuando ellos son transmutados desde el plano espiritual al mental. Este proceso de transmutación explica como las nuevas ideas entran a la mente finita humana procedentes de la mente infinita del Todo. A su debido tiempo, Dios da a las mentes receptivas ideas nuevas e innovadoras. En la curación, el plano mental es de gran importancia pues muchas de las enfermedades se originan allí. Con el tiempo los desórdenes son transmutados al cuerpo etérico causando pasiones desmedidas, mal genio, falta de vitalidad y control. Los pensamientos negativos originados en las mentes de otras personas pueden transferirse a la mente desprevenida si el aura mental que cubre la mente sana está debilitada. La adopción de un conjunto de creencias erróneas en la niñez puede menguar la salud del cuerpo mental si no se aprende a filtrar los pensamientos negativos y reemplazarlos por los positivos.

El alma, componente del cuerpo etérico y el mental puede ser influenciada por el cuerpo espiritual y sus deseos. Como se integren las fuerzas que actúan en el alma individual determina en gran parte los deseos del cuerpo físico, la salud y el rumbo de la vida.

El cuerpo espiritual

El cuerpo espiritual es el cuerpo de vibración superior. El cuerpo espiritual mora en el plano espiritual, sitio de la mente infinita, el Todo.

La energía más radiante y profunda entra al cuerpo espiritual del ser humano procedente del plano espiritual. Desde allí es transmutada de modo que se pueda usar en los planos más bajos. El espíritu humano no es un cuerpo separado como el cuerpo etérico, mental o el físico. El espíritu humano es una manifestación directa del Todo y como tal una síntesis de Dios y el hombre.

Si se debilita la conexión espiritual con Dios también se debilita el cuerpo espiritual porque es separado de su fuente de alimento espiritual que es la menta infinita. Cuando una persona no es consciente de su naturaleza espiritual y su necesidad de alimento espiritual, puede inconscientemente enfermarse en el cuerpo espiritual. La enfermedad en este cuerpo tarde o temprano será transmutada hacia el cuerpo físico.

Edgar Cayce habló sobre la importancia de la energía espiritual en la curación. El afirmó mientras estaba en trance:

"Entre más sólidos sean las entidades espirituales más rápidas serán las respuestas en el cuerpo físico. Para toda curación mental y material, se debe sintonizar cada átomo del cuerpo, cada reflejo del cerebro a la conciencia Divina que yace en el interior de cada célula y cada átomo".[23]

Es desde el plano espiritual (el nivel de la mente infinita opuesta a la mente finita) que el Todo, Dios, es transmutado, permitiendo a su naturaleza infinita fluir en el nivel mental y manifestarse allí como mente finita y pensamiento. El proceso continúa mientras el pensamiento es transmutado a los niveles más bajos reduciendo su vibración.

Platón entendió este proceso cuando habló de las "formas", explicando que tras cada objeto material existe una "forma de pensamiento pura". Así lo hizo el apóstol Juan cuando describió a Cristo como el Verbo (el verbo hecho carne) explicando que: "En el principio era el Verbo y el Verbo era con Dios, y el Verbo era Dios. Este era el principio con Dios. Todas las cosas por El fueron hechas, sin El nada de lo que ha sido hecho, fue hecho".[24]

Prestando atención

Sólo al prestar atención se puede ser consciente de la naturaleza compleja y su relación con Dios. La atención es una forma de vida para el sanador. La atención es una forma diferente de percepción más que una facultad normal. En la curación espiritual, prestar atención es esencial pero no es fácil. Aunque la atención puede ser una tarea sencilla, solamente poder de la voluntad no puede mantener la atención del sanador en un objeto o persona durante mucho tiempo. Si se intenta prestar atención a un objeto con sólo su voluntad, notará en un corto tiempo que la atención decae. Esta se balancea al paso del pensamiento o el sentimiento. Encontrará que aún con las mejores intenciones es difícil mantener la mente enfocada. La atención puede ser difícil al principio, pero con la práctica vemos que esta forma de experimentar el mundo es fácil y placentera.

La atención es el punto de partida en la práctica de la curación espiritual. Aquí la atención interior es importante pero no se debe confundir con la concentración. La concentración, como la mayoría de las personas la entienden, es un proceso puramente mental en el cual el individuo dirige su atención exclusivamente a un objeto y se cierra a todo lo demás. Existen algunos métodos de meditación que son métodos de concentración, pero he descubierto que la concentración tiene poco valor en la curación porque es sólo un proceso mental.

En la curación lo que se necesita es contemplar interiormente un objeto, no concentrarse en él. Lo anterior no puede hacerse rechazando todo lo que distrae y forzando luego a la mente para que se enfoque en un solo objeto. La contemplación interior, diferente a la concentración requiere la cooperación de la mente y el corazón. Se necesita más que rechazar lo que distrae la mente, el observar primero con la mente consciente. Luego, si se abre el corazón a él y se mantiene la atención de la mente inconsciente con amor y compasión, no se vacilará. Durante la atención, se puede permitir que la mente consciente vaya a donde quiera. La mente inconsciente, que está directamente conectada al centro del corazón, se enfocará en el objeto tanto como el corazón se concentre en él. La atención es una manifestación del aspecto femenino, el aspecto receptivo de la naturaleza humana que se resume en el séptimo postulado del Hermetismo, el Principio del Género.

Cuando se contempla interiormente, el sanador aprende a equilibrar el mundo con el corazón y la mente, porque existe una cooperación entre los elementos agresivos masculinos y los aspectos receptivos femeninos (mente consciente y mente inconsciente o corazón). Además la contemplación no involucra el análisis o la comparación. Al analizar el observador más que visualizar conscientemente algo en el medio ambiente, busca entender lo que se ve en términos de experiencias pasadas. El altera subjetivamente lo que ve al dejar que las experiencias pasadas afloren en su mente. En la atención, debe abstenerse de lo subjetivo de la experiencia separándose de lo que se percibe a través de los sentidos, las cosas se ven objetivamente porque no se participa en ellas.

Incluso en una corte, se reconoce que los prejuicios que tenga un testigo alteran su percepción de los hechos como también la objetividad de un jurado influye en el veredicto.

La atención puede comenzar como un acto de voluntad, pero se realiza como un acto de entrega. Esto se logra cuando se abre el corazón al objeto de atención y se es receptivo a él. Más que el imponer la voluntad en el ambiente se aprende a ofrecer la voluntad al servicio del Todo y luego se comienza a ver las cosas como lo que realmente son, no como a uno le gustaría que fuera.

Sin embargo el percibir la realidad y las cosas como son realmente no es nada nuevo....Es un regreso a la condición humana natural experimentada en la niñez. Lo anterior es posible sólo después de la integración del aspecto femenino (asociado a la mente inconsciente y al corazón) con el aspecto masculino agresivo. Entonces, se es receptivo a la energía que fluye a través del uno procedente de Dios, el Todo, cuando se manifiesta en los distintos planos. En la curación y en la percepción real del mundo son esenciales la atención y el no juzgar ni analizar el exterior al menos momentáneamente.

Muchas personas han olvidado como eran cuando niños, sin embargo en la curación el recordar esto es muy importante. En la Biblia se lee: "De cierto os digo, que el que no

reciba el reino de Dios como un niño, no entrará en él".[25] El
Tao dice: "Uno puede conocer el mundo sin aventurarse en
él; uno puede ver el camino al cielo sin mirar por la ventana:
Entre más lejos se va menos se sabe. Por lo tanto, el sabio
sabe, sin tener que tomar riesgos, identifica sin tener que ver,
logra sin tener que actuar".[26] El sanador como el sabio contempla el mundo, lo percibe tal cual y en el proceso recuerda
quien es. El sanador deja de cambiar las cosas y en vez de
esto se vuelve receptivo.

Recuerdo y memoria

El regreso al camino del Tao es lo que llamo recuerdo. El
recuerdo es experimentar el ser y el universo como realmente
son. La persona se percibe así misma cumpliendo su papel en
el Dharma apropiado (sendero de la vida). Con la contemplación se ve la realidad y como uno se acomoda a ella.

El Dr. Ouspensky dice: "Recordarse uno mismo es lo
mismo que ser consciente del yo interior, el Yo Soy. Algunas
veces viene por sí mismo como un sentimiento muy extraño.
No es una función. No se piensa, no se siente. Es un estado
diferente de conciencia".[27]

El ser humano recuerda que existe en más de un nivel y
que por naturaleza se es polar, teniendo elementos masculinos (agresivos) y femeninos (receptivos) en todos los niveles
sin tener en cuenta el género físico.

Cuando se ha comprendido que el Universo es más que la
vulgar y mundana existencia material y se comienza a integrar la conciencia y las mitades inconscientes, se experimentará la realidad del verdadero ser y se verá que no sólo se es
una existencia física. El ser humano no está confinado a
experimentar el mundo sólo a través de los sentidos. Cada
parte del ser es una multidimensión que funciona simultáneamente en todos los planos.

Como el Todo, el ser se expresa, influye y es influido en cada dimensión. Integrar las cuatro naturalezas: la espiritual, mental, emocional y física es lo que llamamos "recordar". Experimentar mientras se existe en todos los niveles, puede ayudar a interceptar las fuentes energéticas incluso de un plano más alto, el espiritual, y luego usar estas energías en todos los planos para sanar.

Vínculo y amor

El recuerdo y el recordar relacionan al ser con su fuente de alimento. Se aprende a ser receptivo y a alimentar lo que es positivo y oponerse a lo que es negativo y destructivo en cada plano.

El vínculo en cualquier plano puede conducir a la unión, pero ambos necesitan dos participantes. Como consecuencia, si se desea un vínculo, el amor es esencial. El Principio de Correspondencia enseña que se puede deducir el amor en los planos más altos estudiando el amor en los planos físicos y etéricos.

En la medida en que continúe avanzando se dará cuenta que el vínculo y el amor son ingredientes esenciales en la curación. Cuando hablamos de amor, nos referimos a la fuerza que empuja a la persona a buscar un vínculo con algo o alguien. En Español, existe una palabra para esa fuerza pero en griego hay tres: *eros* o amor físico sexual; *filio*, amor fraternal y finalmente *agape*, amor divino. Los tres términos describen las condiciones del afecto humano. Cuando una persona siente afecto, normalmente busca algún vínculo con el objeto de su afecto. La persona busca un contacto más cercano para poder percibir al objeto con mayor profundidad además de querer extender dicha experiencia. En otras palabras, el acto de amar en cualquier forma hace que uno se mueva hacia el objeto de ese amor. Cuando una persona obtiene el objeto de su amor él o ella puede experimentar diferentes sentimientos debido a que las tres clases de amor manifiestan diferentes vibraciones. Cuando una persona se une con el objeto de su amor sexual (eros), este produce un vínculo físico y una gratificación física. Esta relación física es temporal y hace que la persona busque satisfacerse una y otra vez ya que la satisfacción sexual es transitoria. Los resultados son bastante diferentes cuando se busca un vínculo y el amor espiritual en los planos superiores porque la vibración del amor espiritual, una forma de amor desinteresado que puede venir del plano espiritual, es superior al amor erótico. Entre más alta sea la vibración más permanente y profunda es la experiencia de este vínculo. Así, el amor espiritual produce una satisfacción permanente y un sentimiento de agrado que conduce a la unión, mientras que el eros y filio (amor fraternal) por su naturaleza no pueden. La unión se hace posible gracias al amor espiritual y la gracia de Dios que se ofrece a las personas que tienen fe en él.

Fe y unión

Los vínculos formados a través de las vibraciones inferiores conducen poco a poco al sanador a relacionarse con Dios en los planos superiores y con sus pacientes. El sanador comprende el amor espiritual, canalizando el amor humano (filio). El amor humano es su guía, las puertas internas se abren dejando que la energía corra a través de él, si él tiene fe para mantenerla y su paciente tiene fe para aceptarla. El sanador se dirige en dos direcciones, primero hacia Dios logrando el vínculo con la fuente de curación, el Todo y luego con su paciente, convirtiéndose en el canal entre ellos a través del cual fluye la energía de curación. Las vibraciones experimentadas en el vínculo pueden ser diferentes dependiendo del objeto al que se está relacionado. No obstante, el sanador aprende a entregar a través del vínculo en las dimensiones inferiores y de esta entrega aprende a elevar la vibración. Además cuando una persona alcanza la vibración necesaria a través del amor espiritual y la fe está permanentemente unida a la fuente de curación, el Todo que es espíritu. Entonces la energía del Todo puede fluir continuamente a través del sanador hacia sus pacientes y luego al medio ambiente. Como se puede ver el sanador deberá establecer una relación con su paciente en los planos inferiores (con bajas vibraciones) pero deberá también luchar siempre por alcanzar la unión en los planos superiores.

La Biblia dice: "...la fe es la certeza de lo que se espera, la convicción de lo que no se ve".[28] Luego continua diciendo: "...pero sin fe es imposible agradar a Dios, porque es necesario que el que se acerca a Dios crea que él escucha a los que le buscan".[29] El amor une al ser humano con Dios el Todo, la fuente de curación de la cual se origina el alimento espiritual pero es la fe la que mantiene este vínculo.

La fe es casi imposible de definir pero pienso como muchos eruditos en la materia que la fe más que cualquier cosa es un regalo. En el plano espiritual, el autor de la fe es el Todo Dios. Con la fe, como el amor, el alma se eleva de los planos bajos a los planos altos, de lo finito a lo infinito. Pero diferente al amor, la fe es sólo el estado resultante de dejarse llevar por el poder del ser que transciende todo. La fe no puede hacerse ni entenderse como algo más. Sólo puede ser impartida por el Todo, el Dios mismo. La fe nunca es una condición en la que la persona participa. La fe es un estado de divinidad en el individuo en el que se afirma así mismo que es incondicionalmente aceptada y es parte del Todo. El Todo va más allá del vínculo que involucra las dos partes que consienten. El Todo conserva el elemento de la dualidad. En el lado humano, el vínculo puede restringirse o intensificarse temporalmente por un cambio de humor o creencia. Pero con la fe, la dualidad es abolida mientras se separa porque con la fe Dios alcanza y llega a esa persona.

Cuando se realiza la separación se establece la alimentación espiritual. Las personas que logran la unión se convierten en representantes de Dios para alimentar y sanar el mundo, para conducir a los que desean relacionarse con Dios de tal forma que puedan ser reunificados permanentemente a través del regalo de fe.

4

La enfermedad mental

Según Edgar Cayce, "La mente siempre es la que construye. Lo que alimenta al cuerpo y la mente es lo que paulatinamente se hace realidad".[30]

La mente puede ser comparada con el lugar donde dos fuerzas se confrontan. De un lado están los pensamientos y actitudes positivas que producen los buenos efectos y por lo tanto mantienen el cuerpo físico saludable. En el otro lado están los pensamientos y actitudes negativas que producen los efectos negativos y que con el tiempo afectan al cuerpo físico. En las últimas tres décadas se le ha dado mucha importancia a la influencia mental sobre la enfermedad. Ahora los investigadores pueden encontrar bastante información al respecto. Varios estudios a largo plazo han demostrado que la personalidad y la actitud tienen un papel importante en el desarrollo y avance de las enfermedades. En el caso del cáncer, el factor mental afecta la susceptibilidad y el tratamiento de la enfermedad. Las investigaciones indican que las personas con actitudes, hábitos e ideas negativas son más susceptibles al cáncer (esto se aplica a otras enfermedades también) y que el tratamiento no es tan positivo para ellas como para las personas de actitudes positivas. Los aspectos más negativos de la personalidad parecen estar ligados a la autocompasión y a una imagen muy pobre de sí mismo. El paciente enfermo de cáncer frecuentemente no puede confiar en sí mismo o en los demás. Lo anterior puede explicarse al estudiar el rechazo sufrido durante la infancia. El paciente enfermo de cáncer tiene una fuerte tendencia a mantener la ira y el resentimiento. Debido a que el paciente no puede perdonar y olvidar y no tiene confianza en sí mismo, le es difícil formar y mantener relaciones personales por mucho tiempo.

Afirmaciones y visualizaciones

Los sanadores siempre han entendido que un estado mental negativo es la semilla para que crezca la enfermedad. Por lo tanto, los sanadores enfrentan la enfermedad en el plano mental empleando afirmaciones y visualizaciones. Para el sanador estas son sus dos herramientas más poderosas. Para tener éxito, el sanador debe entender como trabaja la mente humana, su estrategia de curación debe basarse en una estimación precisa de la situación y el estado mental de su paciente. Si el paciente quiere recuperar la armonía y liberarse de la enfermedad en el plano físico, debe sanar el cuerpo mental. El sanador sabe que esto sólo puede darse si se cambian las actitudes y los pensamientos positivos sustituyen a la negativos en cualquier circunstancia. De otro modo el paciente es conducido no sólo por sus pensamientos negativos sino también por las personas que la rodean. Los pensamientos son reales. Los pensamientos pueden ser transferidos a través del éter de una mente a otra. Los pensamientos negativos producidos en una mente pueden perjudicar a alguien más. El libro de Proverbios dice: "No hagáis amistad con un hombre furioso...al menos que queráis aprender sus maneras".[31] ¡Esta advertencia no es en vano!

Existen muchas formas de pensamientos negativos que provienen del deseo frustrado y del temor. Puesto que el deseo y el miedo siempre son subjetivos nunca describen con precisión la realidad objetiva en el plano físico o en cualquier otro plano.

La transformación de patrones negativos a positivos es lo primero que se debe hacer al sanarse y sanar a otros. Esto se denomina transmutación mental. En la filosofía del Hermetismo se determina: "La mente puede ser transmutada de un estado a otro de contexto a contexto, condición a condición, polo a polo, vibración a vibración".[32] Se puede entender más fácilmente a la transmutación si se piensa en ella como una reprogramación. Durante toda la vida, el ambiente cultural y las personas han programado nuestra vida. Si se entiende el concepto de la transmutación mental se aprende a cambiar la forma de pensar. El negativismo ataca al ser desde el exterior y lo corrompe, golpeando primero en el plano mental. Si no se le detiene, se transmuta rápidamente al plano etérico donde se producen los sentimientos negativos y los cambios emocionales; luego el cuerpo físico reacciona ansiosamente. Los músculos se contraen, la respiración se vuelve poco profunda. Sin embargo el solo poder de la voluntad no puede evitar producir el negativismo. Los pensamientos negativos invocan la imaginación negativa y ésta provoca sentimientos negativos. Cuando la voluntad y la imaginación se pelean, la imaginación siempre gana. Emile Coue la gran metafísica francesa escribió: "Nuestras acciones no se originan de nuestra voluntad sino de nuestra imaginación".[33]

Los pensamientos negativos se transmiten verbalmente y visualmente. Cuando los pensamientos verbales negativos molestan, se debe emplear palabras para cambiar su efecto negativo. En el Tíbet los monjes dicen "Neti, neti" ("Este no, este no") cuando quieren retirar los pensamientos negativos de la mente. Prefiero usar "Cancelar, cancelar", la técnica desarrollada por José Silva. Cada vez que se tiene un pensamiento verbal negativo se puede cambiar diciendo simplemente: "Cancelo, cancelo". Así podrá prevenir que el negativismo pase al plano etérico, el nivel de las emociones, interceptando lo negativo en el plano mental. Al prevenir que el negativismo sea transmutado a niveles inferiores, los sentimientos serán guardados y se protegerá el cuerpo físico. Si se usa esta técnica a conciencia se puede librar de algunas de las formas de negativismo más graves.

Cuando se detienen los pensamientos verbales negativos se puede seguir adelante. Se puede reemplazar los pensamientos temerosos por pensamientos osados, pensamientos de odio por pensamientos de amor, etc. Cuando el pensar se visualiza, se puede neutralizar el efecto de las imágenes negativas reemplazándolas con imágenes positivas. Esto se deberá hacer sin ningún esfuerzo y se consigue más fácilmente cuando se está en un estado mental relajado.

Imaginemos por un momento esta situación muy común: el jefe llama a un empleado a su oficina por razón desconocida. La reacción inicial del empleado es negativa: "¿Hice algo mal?", o peor aún, "¿Perderé mi trabajo?" Si continua pensando esto podría activarse toda una avalancha de pensamientos negativos que en cambio producirían miedo y ansiedad (recuerde que el empleado no sabe que le va a pasar todavía). El problema inicial y los problemas subsecuentes que se podrían manifestar más tarde fueron provocados sólo por los pensamientos e imaginación negativa. El empleado podría neutralizar los pensamientos negativos diciendo "Cancelo, cancelo". Al decir esto inmediatamente, prevendrá una respuesta negativa física y emocional. Si por casualidad se creó un sentimiento negativo, el empleado podría crear una imagen positiva en su mente y contrarrestar la imagen negativa. Al emplear las técnicas descritas anteriormente, el empleado podrá afrontar la situación con una actitud positiva más que con una actitud negativa. Además, al emplear la imaginación positiva podría cambiar la situación y hacerla ventajosa para él. El empleado podría afirmar: "Soy un excelente trabajador y por esto soy apreciado por mis superiores" o también "Cada día me siento mucho mejor y mejor". Finalmente él completa la reprogramación visualizándose a sí mismo saludando a su jefe y sonriéndole.

Afirmaciones positivas

A continuación hay una lista de afirmaciones positivas que considero importantes para mantener la salud:

1. Cada día actúo mejor bajo cualquier circunstancia.
2. Puedo hacer todas las cosas porque Dios me alienta.
3. No me ha sido dado el espíritu del miedo sino el poder, el amor y la conciencia.
4. Soy feliz. Soy saludable. Soy un Todo.
5. Tengo fe y con fe puedo superar lo que sea.
6. Soy completo en todas las formas, lleno de coraje y fuerza interior.
7. Estoy en paz conmigo mismo y me acepto como soy.
8. Soy el guía de mi vida. Soy el maestro de mi vida.
9. El negativismo no tiene ningún efecto sobre mí en cualquier nivel a cualquier hora.

Encontrará que simplemente repitiendo estas afirmaciones tendrán un efecto provechoso sobre usted. Sugiero que practique una o más de estas afirmaciones diez veces al día —si es posible en voz alta— y recuerde al menos una vez al día que Dios lo ama y que con su poder nada puede dañarlo.

La duda nunca logra nada, así si se intenta reprogramar y al mismo tiempo duda de la eficacia del ejercicio, se logrará muy poco. Si la duda es uno de sus problemas, use las afirmaciones y la imaginación creativa para poder incrementar su seguridad. Como ya se sabe, no toma ningún esfuerzo el pensar negativamente o pensar positivamente. Por tal razón puedo decir con certeza que el proceso de reprogramación deberá realizarse sin ningún esfuerzo.

Afirmar "ahora"

Pensar ocupa mucho tiempo divagando y hay otros aspectos que debemos tener en cuenta. En el mundo físico parece existir una secuencia de hechos que los humanos experimentan en la vida. Esto lo llamamos tiempo. Dividimos este tiempo en pasado, presente y futuro. Esta división se basa en el raciocinio de la mente consciente que recibe gran cantidad de información de los cinco sentidos. El punto de vista objetivo del tiempo trabaja bien mientras se es consciente, pero cuando se está en el estado inconsciente, dormido o en estado mental alterado, este punto de vista se altera del mismo modo en que la física de Newton se rebatió cuando se conoció la teoría de la relatividad de Einstein. En los reinos de la inconsciencia no hay pasado o futuro, sólo existe el presente. No hay raciocinio lógico o inductivo. Todo es subjetivo y ocurre "ahora".

Lo anterior también se aplica a la curación espiritual. Esta se logra siempre en el eterno presente, en el ahora. Así todas las afirmaciones deben declararse en el presente si se quiere que tengan algún efecto. Nunca se deberá decir "seré curado", porque esto traería a la curación a un futuro no existente. En su lugar se debe decir "Ahora estoy siendo sanado".

El cerebro eléctrico

Cuando una persona tiene pensamientos negativos y como consecuencia se da una respuesta física y emocional negativa, ocurre un cambio en la frecuencia de onda cerebral. Entender el cerebro y su naturaleza eléctrica lo guiará en el proceso de aprendizaje de la curación en el plano mental.

El cerebro produce electricidad. Existen aproximadamente veinte millones de células cerebrales en el cerebro humano, todas capaces de transportar una carga eléctrica. Cada una de estas células cerebrales tiene un axón que funciona como un receptor eléctrico y entre uno y doce transmisores llamados dentritas. Esta configuración en particular permite trillones de interconexiones entre dichas células. Cuando las células cerebrales descansan cada una tiene la capacidad de producir una fuerza eléctrica (voltaje). Cuando las células se activan liberan la energía y se genera una corriente eléctrica que lleva el mensaje a otras células nerviosas. Los impulsos eléctricos producidos por el cerebro humano y los patrones que ellos crean han sido estudiados ampliamente en los últimos treinta años por un instrumento llamado electroencefalograma (EEG). Los modelos EEG pueden ser difíciles de entender porque están constantemente cambiando y no hay dos personas que tengan exactamente el mismo patrón.

Aunque las diferencias en los patrones de onda cerebral pueden ser interminables, existen patrones generales basados en el ritmo de onda cerebral común a todas las personas. Estos han sido clasificados y han revelado su condición en diferentes estados de conciencia. Los ritmos de onda cerebral han sido clasificados en cuatro categorías principales: *alfa, beta*, *teta* y *delta*. Alfa fue la primera frecuencia cerebral de onda descubierta y es en alfa en donde se provoca continuamente tal movimiento. Los patrones (ritmos) provocados por la actividad eléctrica del cerebro se miden en ciclos por segundos (CPS). Se ha acordado generalmente que cerca de catorce CPS y más se conocen como ondas beta; de siete a catorce son alfa; cuatro a siete son teta y finalmente inferiores a cuatro son delta.

Los patrones de onda cerebral no pueden ser caracterizados en una frecuencia específica porque en cada categoría pueden variar y por esta razón son denominados rangos de frecuencia. Diferentes factores pueden afectar la clase de impulsos eléctricos grabados en un EEG. Por ejemplo, la ubicación de los electrodos que graban puede dar diferentes registros de actividad de onda cerebral dependiendo de si están ubicados en las áreas frontales o pre-centrales del cráneo.

Una sorprendente revelación proveniente de la investigación de biorreacción indica que la atención concentrada está presente en un individuo mientras su patrón EEG le muestra estar en un estado de relajación y no atención. Un individuo puede emplear mucha energía en un esfuerzo por controlar la actividad teta o alfa, aún si su EEG, no muestra señal de un esfuerzo inusual normalmente asociado con el estado de alerta y concentración en eventos en el ambiente externo. ¿Sería posible que el EEG mostrara cuantitativamente la diferencia entre la contemplación y la concentración lo cual los sanadores han experimentado intuitivamente durante tanto tiempo?

Delta

La frecuencia de onda cerebral más lenta es la denominada delta. Esta opera entre cero y cuatro ciclos por segundo.

Delta aparece sólo durante los niveles más profundos de sueño, en coma o mientras una persona está bajo anestesia.

Teta

Las ondas teta se encuentran raramente en el patrón normal de EEG de un ser humano que está despierto. Las ondas teta tienen una frecuencia de 4 a 7 CPS. Estas ondas se asocian al estado adormecido y a la asimilación de nueva información. Aun en las mejores circunstancias, las ondas teta exceden rara vez del 5 por ciento del total de ondas cerebrales descargadas durante horas de estado alerta. Ellas se presentan frecuentemente en el estado de profunda relajación o entre sueño. Aunque teta se asocia normalmente con el sueño, aparece de repente durante períodos de perspicacia o inspiración y durante la meditación profunda.

Beta

Una vez sobrepasa los catorce CPS, por encima del nivel alfa, todo se concentra en beta. La actividad beta difiere de las otras porque sus modelos frecuentemente son arrítmicos y de bajo voltaje. La frecuencia beta se asocia al comportamiento racional, analítico y alerta en el que se resuelve un problema. Se acepta también que el nivel beta es un estado de estrés. Este no se asocia con ningún sentimiento o estado mental en particular. Cuando se está en beta, se puede sentir desde miedo a alegría, felicidad a dolor. Sin embargo se ha descubierto que los sentimientos negativos como la culpa, la amargura, los celos, el miedo no se encuentran en las frecuencias de ondas cerebrales más bajas, sólo en beta. Además las investigaciones indican que beta es el patrón de onda cerebral normal en los adultos cuando están despiertos. Se estima que los adultos pasan el 80 por ciento de su tiempo despiertos en el nivel beta mientras que los niños que no han llegado a la pubertad pasan el 80 por ciento de sus horas alerta en el estado alfa.

Alfa

El nivel alfa tiene una frecuencia de siete a catorce CPS. Ahora se ha reconocido que alfa se incrementa con la práctica de la meditación Zen y Yoga. Los estudiantes de estas disciplinas evaluadas en el equipo EEG mostraron aumentos inmediatos y dramáticos en las cantidades de alfa cuando comenzaron su meditación. Después de un tiempo alfa disminuyó sólo para ser reemplazado por la actividad incrementada teta. Muchos de los estudiantes reportaron un sentimiento de separación del universo material, pérdida de identidad, y sentido de unión, mostrando los grandes incrementos en la actividad alfa y teta. El estar en el nivel alfa beneficia el cuerpo físico como también acelera el proceso de auto-curación.

Alfa y el efecto placebo

El incremento en la producción de alfa tiene otros aspectos importantes. Alfa incrementa la susceptibilidad a la hipnosis haciéndola más receptiva a la sugestión. Mientras se está en el estado alfa, una persona es más receptiva a los pensamientos, energías y sugestiones de otras personas alrededor. Este fenómeno tiene implicaciones importantes en la curación espiritual puesto que ahora se sabe que la actitud es un factor importante para acelerar el proceso de curación que aumenta en el nivel alfa. Durante muchos años las curas fueron producto de la curación espiritual y otros métodos no ortodoxos fueron atribuidos al efecto placebo o la mente sobre materia. Sin embargo, una nueva investigación muestra que el efecto placebo y el poder de la mente son factores esenciales en la curación física sin tener en cuenta los procedimientos que se usen.

A través de la historia, las personas han sido curadas por muchas drogas y remedios, desde estiércol de cocodrilo hasta cuerno de unicornio, los cuales fueron inservibles excepto para el paciente que esperaba y creía que así recibiría beneficio del tratamiento.

A medida que las investigaciones aumentan se hace claro que el efecto placebo puede ser activado sólo cuando se está en las condiciones apropiadas. Albert Schweitzer dijo una vez: "El médico brujo tiene éxito por la misma razón que todos los médicos tienen éxito, cada paciente tiene a su propio doctor en su interior. Ellos vienen a nosotros sin saber la verdad. Lo hacemos mejor cuando le damos la oportunidad de trabajar al doctor que reside en cada paciente".[34]

El efecto placebo va más allá de las píldoras y las inyecciones, aún más allá de la cirugía. Un experimento notable se condujo en los 50s y 60s cuando muchos cirujanos en América comenzaron a suturar las arterias mamarias de las personas que sufrían angina pectoral, dolor opresivo en el pecho esperando así disminuir el dolor. Los resultados de la operación fueron extraordinarios. Casi el 90 por ciento de los pacientes reportaron un mejoramiento en su condición y una coincidente reducción del dolor en el pecho. No obstante algunos escépticos dudaron de la eficacia de la cirugía, porque creían que otros factores contribuían al mejoramiento del paciente. Como consecuencia, se condujo un experimento que hoy en día no sería considerado ético por la práctica médica en Estados Unidos. El experimento consistía en dividir a los pacientes en dos grupos, se le dijo a cada paciente que se le haría una operación que parecía ser efectiva para controlar los síntomas de angina pectoral. A la mitad de los pacientes realmente se les practicó la cirugía, mientras que a los otros se les anestesió, se les hizo una pequeña incisión en el pecho y luego se les suturó. Cuando despertaron se les dijo que la operación había sido un éxito. Lo notable al parecer fue que al recoger los resultados, los médicos encontraron que los pacientes a los que se les simuló la operación estaban en mejores condiciones que aquellos que realmente se les aplicó la cirugía.

Alfa y la curación espiritual

La susceptibilidad a la sugestión en el nivel alfa que está relacionada con el efecto placebo tiene algunas implicaciones importantes. Si un ser humano ya tiene una habilidad innata para sanarse a sí mismo, como la investigación científica lo indica, ¿podría aumentar está habilidad entrando en un estado particular de conciencia y practicando ciertas técnicas de curación mientras se está en ese nivel? La respuesta para esta pregunta es un retumbante ¡sí! Cuando una persona está en el nivel alfa o teta su propia habilidad de sanarse y sanar a los demás aumenta.

José Silva, el primer investigador en el entrenamiento alfa registró los patrones EEG de sanadores psíquicos y espirituales de todo el mundo. El encontró que mientras sanaban producían grandes cantidades de ondas alfa en diez CPS. El descubrimiento más significativo fue el cambio inconsciente de las ondas cerebrales de los pacientes que coincidió con las ondas cerebrales del sanador.

Sabemos también que las personas que trabajan regularmente a diez CPS tienen sistemas inmunológicas más fuertes y sanan más rápidamente. Estas personas tienen más control sobre el dolor que las personas que trabajan primariamente en el nivel beta. Estas personas pueden incluso controlar las respuestas físicas involuntarias como la presión sanguínea, la velocidad cardiaca, la temperatura corporal y el sangrado.

Al combinar las afirmaciones y las visualizaciones en el nivel alfa es evidente que las personas pueden sanarse y pueden proyectar los pensamientos y la energía de curación a otros.

Hoy en día la mente no puede ser ignorada. Es claro que ella afecta el proceso de curación y juega un papel importante en el mantenimiento de la buena salud.

5

El estado alfa-teta

Tanto en el Occidente como en el Oriente existen técnicas efectivas de meditación y oración que estimulan la producción de ondas alfa y teta. Usualmente estas técnicas se basan en la tradición y cuando se descubren nos enseñan más confusión que claridad. A pesar de estas dificultades se pueden ver técnicas de meditación sencillas sin prejuicio cultural que ayudan a la persona a entrar al estado alfa y teta. Cuando se llega al estado alfa-teta denominado estado de meditación o trance, la respiración cambia. La respiración se acentúa más, el corazón baja su ritmo cardiaco, los músculos se relajan y los ojos adquieren una mirada no fija. Al desviar la mirada se impide el análisis visual del ambiente externo. La mente es incapaz de criticar u organizar las experiencias que recibe y detiene por instantes sus intentos por hacerlo.

La mente se pone en blanco, pero no pierde sus facultades. La sensación de vacío es reemplazada pronto por la imaginación visual espontanea llamada imaginación creativa o entresueño. El bienestar se asocia mucho a este estado. La ansiedad y la preocupación disminuye mientras la mente está alerta y responde a la programación consciente. Existe también una sensibilidad creciente en el lado izquierdo del cuerpo especialmente en la cavidad del tórax; indica también un aumento en la actividad del lado derecho del cerebro y un equilibrio armonioso entre la actividad del hemisferio izquierdo (mente racional) y la actividad del hemisferio derecho (mente intuitiva).

Entrando en alfa

Para entrar al nivel alfa-teta, se deben seguir estas instrucciones. Comience por encontrar una posición confortable, preferiblemente con la espalda recta. Respire varias veces profundamente desde el estómago, luego cierre los ojos y relájese. El cerrar los ojos estimula inmediatamente la producción de ondas alfa y teta. Respire normalmente pero de manera acentuada contando lentamente para atrás de 5 a 1. Cuando cuente en reversa repita mentalmente y visualice cada número tres veces. Esta técnica aumentará la habilidad de visualización, así que tómese su tiempo y deje que su mente creadora trabaje. Recuerde, no existe una forma correcta o incorrecta de meditar. Cuando llegue al número 1, repita esta afirmación: "Ahora estoy profundamente relajado me siento mucho mejor que antes". Continúe respirando profundamente y después de cierto tiempo comience a contar en reversa de nuevo, esta vez comienza con el número 10. Exhalando cuando dice 10; respire profundo y mientras exhala repita mentalmente el número 9. Haga lo mismo al llegar al número 8 continúe así hasta que llegue al número 1.

Allí sentirá que su cuerpo pierde peso. Luego concéntrese en los cambios agudos que siente en su cuerpo, en sus emociones y lógicamente en su mente. Cada meditación será diferente, cada vez que la practique aprenderá algo nuevo sobre usted. En la meditación se abren los centros energéticos los cuales permiten que entre más energía al "sistema energético agudo" aumentando así la actividad inconsciente.

En muchos ejemplos de tensión física, la tensión almacenada en los músculos, no permite el libre fluir de energía a través de los centros energéticos a todo el cuerpo. Para liberar esta tensión, se emplea una práctica antigua de Yoga en los músculos voluntarios del cuerpo. El concepto budista del Yin y del Yang explica que cada acción tiene una reacción igual opuesta, entonces para relajar y liberar, se debe aligerar y contraer después de llegar al número 1, se debe repetir mentalmente esta segunda sencilla afirmación: "Mi mente está completamente liberada. Cada vez que llego a este nivel mental puedo crear más", luego descanse en este estado por un momento. Cuando se sienta listo, concéntrese en sus pies, domine su respiración y contraiga los músculos de sus pies lo más que pueda, sostenga la respiración por tres segundos. Después de tres segundos, libere su respiración y deje que los músculos de sus pies se relajen. De nuevo inhale profundamente y repita este procedimiento con los tobillos y las pantorrillas. Continúe repitiendo el mismo procedimiento con las siguientes partes de su cuerpo: los muslos, los glúteos y la pelvis, el abdomen medio y superior, pecho y hombros, el cuello, brazos y luego las manos. Después tensione los músculos de su cara durante tres segundos. Después relájelos y exhale. Ahora, abra su boca, saque la lengua y estreche los músculos de su rostro lo más que pueda. Sostenga la respiración por tres segundos, luego relaje los músculos de su rostro y exhale.

Para completar el ejercicio, contraiga todo su cuerpo (esta vez tensionando los músculos del rostro) y sostenga la respiración finalmente, después de tres segundos, exhale con fuerza el aire por la nariz mientras libera todos los músculos de su cuerpo.

Ya han pasado de diez a quince minutos. Definitivamente deberá encontrarse en el nivel alfa o teta. Entonces diga mentalmente: "Estoy en el nivel alfa. Cada vez que alcanzo este nivel se me facilita aún más ir a niveles más profundas y saludables".

Concéntrese en su cuerpo físico y sienta las agudas vibraciones y energías que fluyen a través de éste. Continúe haciendo esto durante unos pocos minutos y observe las imágenes que fluyen de manera espontanea. No intente controlarlas, simplemente obsérvelas, mírelas pero no se ate a ellas cuando usted fluye con estas imágenes, permita que su mente vaya a su santuario, un lugar ideal de relajación. Su santuario es el lugar donde no hay citas que cumplir, cuentas que pagar ni estrés. El Santuario es un lugar donde uno se siente satisfecho sin ansiedad, dudas e inseguridades, etc. Y donde se está en paz consigo mismo y el ambiente alrededor; no interesa si se está en algún lugar físico o mental creado por usted. Lo más importante es que durante el estrés se pueda crear en el plano mental un santuario. Sugiero que permanezca en este lugar durante 5 minutos. Mantenga sus sentidos alerta y sienta el santuario lo más que pueda.

Lo anterior es una técnica fácil y efectiva para relajarse que lleva a la mente al nivel alfa-teta. Sin embargo, una vez se está en este nivel, se puede dirigir la atención hacia la propia reprogramación y posterior curación. El ser humano perfecciona su habilidad de visualizar y sanar mentalmente a través de una técnica llamada proyección mental. Mientras se encuentra en el nivel alfa/teta, se puede proyectar la conciencia a cualquier parte del universo que se quiera a través de afirmaciones y visualizaciones. No solamente se puede ir donde quiera sino que se pueda emplear la proyección mental para sanarse en cualquier aspecto de la vida.

La proyección mental

Una vez se ha regresado del santuario se puede comenzar a proyectar la conciencia afirmando mentalmente: "Puedo proyectar mi conciencia a cualquier parte del universo que quiera". Luego respire profundamente sin diferenciar la inhalación de la exhalación. Enseguida, coloque sus manos sobre el corazón del mismo modo en el que lo hacían los santos en la antigüedad y continúe respirando mientras ubica su atención en el tercer ojo. Este es el centro de la inteligencia superior por el cual se reciben y proyectan las imágenes visuales. El tercer ojo se localiza encima del puente de la nariz y entre las cejas. Hacer estos ejercicios no requiere de ningún esfuerzo. Simplemente respire profundo y rítmicamente y coloque sus manos en el corazón. Lo anterior estimulará el corazón y ayudará a la visualización. Esto también neutraliza la carga magnética del cuerpo físico, la cual puede impedir la visualización. Cuando la atención yace en el tercer ojo, el ser está listo para comenzar la visualización y proyección mental. Se puede perfeccionar la habilidad de proyectar la conciencia y visualizar proyectando la conciencia en los tres niveles de materia en el plano físico: el reino mineral, vegetal y animal.

Antes de comenzar a proyectarse mentalmente, recuerde que una vez preparados los centros de conciencia por los cuales se entra al nivel alfa y teta se debe aceptar la posibilidad de la proyección mental. Lo anterior no será difícil porque con frecuencia se proyecta mentalmente mientras se sueña en la noche o durante el día cuando se fantasea o se emplea la imaginación. Cuando se imagina estar en una

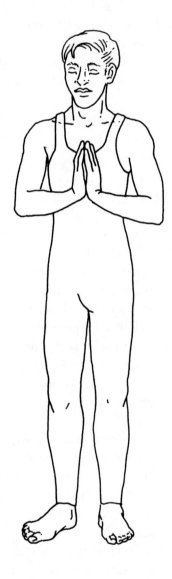

Figura 2: La posición del santo

situación o lugar en particular se llega a ésta en el plano mental. Todo lo existente en el plano físico, como lo establece el postulado del Hermetismo existe antes en el plano mental. Así que no se confunda: la proyección mental no es solamente imaginación. Cuando se ven imágenes espontaneas en el nivel alfa y teta, se ven cosas reales que existen en el plano mental. Cuando se creen nuevas imágenes reprogramando se crean nuevas realidades en el plano mental que después son transmutadas a la realidad física.

Comencemos ahora con el ejercicio proyectando la conciencia en la forma de materia más sencilla de mundo físico, la materia inanimada en el mundo mineral. Luego iremos a reinos o mundos más complejos.

Continúe respirando profundamente y luego visualice una plataforma de tres pies de alto (un metro) enfrente de usted a una distancia de seis a nueve pies (tres metros). Sobre la plataforma visualice una roca café grande de tres pies (un metro) de diámetro. Mantenga sus sentidos alerta y observe la roca porque al emplear los sentidos es tan importante en el plano mental como en el físico. (Algunas personas creen erróneamente que existe un sexto sentido usado sólo para experimentar planos más elevados. No es precisamente ésta la verdad. El sexto sentido no es más que la intuición humana la cual el sanador llama clarividencia. El sanador la emplea con sus cinco sentidos para obtener información de planos superiores).

Después de examinar la roca, observar su tamaño, forma, color y textura visualícese lo suficientemente cerca de ella hasta tal punto que pueda tocarla. Luego imagine que puede tocarla. Esto permite usar más que la vista. Ahora verá la roca detalladamente, la tocará, sentirá su textura, temperatura y humedad. Los detalles son muy importantes en la proyección mental y en la curación porque entre más detalles o cualidades del objeto se puedan percibir al objeto mucho mejor. Por lo tanto, tome un minuto o dos para examinar la roca muy de cerca, respire profundo y diga mentalmente: "Estoy ahora en el interior de la piedra y siento su plenitud". En ese instante se sentirá cómodo porque la roca se ajusta a su medida, mientras se está adentro tómese el tiempo necesario para explorar. Puede cambiar el tamaño de ésta con sólo desearlo haciendo posible la exploración en el interior de la roca en un nivel molecular. Mientras se está en el interior de la roca se puede ver, escuchar, sentir, oler y tocar la roca por completo.

Además de emplear los sentidos, use su intuición para sentir el espíritu de la roca, todas las criaturas tienen esta "cualidad esencial". El sanador al experimentar esta cualidad puede realmente sentir lo malo o bueno de la vibración. Sentir la esencia es muy importante porque en el diagnóstico psíquico de la enfermedad, una sensación negativa es el primer indicio de una vibración negativa y enfermedad en el "sistema energético" de la persona.

Sugiero que al comenzar dedique unos minutos a explorar el interior de la roca. Después de un corto tiempo o cuando haya sentido y palpado por completo la roca, visualícese fuera de ella enfrente de la plataforma a una distancia de seis pies (dos metros) luego libere la roca. Respire profundamente mientras junta sus manos. Relájese por completo.

Ahora nos proyectaremos mentalmente al reino de las plantas. Mantenga las palmas juntas y fije su atención en el tercer ojo. Visualizando una maceta de tulipanes sobre la plataforma. Cada vez que visualice algo del mundo físico repita el proceso aprendido en el ejercicio de la roca. A medida en que avanza se pueden sustituir los objetos de todos los reinos. Por ahora simplemente observe los tulipanes a una distancia de seis pies (tres metros). Tome unos momentos y luego visualícese junto a las flores. Tóquelas con sus manos. Recuerde mantener sus sentidos alerta. Tome unos minutos para examinar los tulipanes muy de cerca. Luego respire profundo y repita mentalmente: "Estoy en el interior de los tulipanes experimentando su plenitud".

Inmediatamente se sentirá como si estuviera en el interior de los tulipanes. Sugiero comenzar a explorar la planta por la flor, examinando sus órganos luego el tallo y sus raíces. Puesto que está tratando con una existencia muy compleja, tome el tiempo necesario para explorar no sólo las cualidades físicas de la planta sino entrar en contacto con la "fuerza de vida" que fluye a través de la planta. Esta "fuerza de vida" es una manifestación del prana, "la energía absoluta". Le sugiero tomarse cinco minutos o más para examinar por completo la planta cuando haya percibido su plenitud, visualícese fuera de ella de nuevo a unos seis pies (dos metros) frente a la plataforma. Luego libérela, respire profundo y siéntase aún más relajado. Si prefiere practicar cada una de estas proyecciones mentales por separado o como se ha descrito hasta ahora, puede sustituir un objeto o existencia por otra mientras se está en el nivel alfa y teta experimentándolos en secuencia. Si no está cansado y puede mantener su concentración por un período de tiempo más largo continúe con la secuencia presentada aquí. Más tarde, cuando aprenda las técnicas de la curación en ausencia quizás quiera sanar a más de una persona durante la meditación lo cual requeriría sustituir una persona por la otra mientras del mismo modo en que ahora se proyecta la conciencia. Si se quiere terminar la meditación después de una o dos proyecciones mentales, siga las instrucciones que hay en el final de este capítulo.

De la proyección mental en el reino vegetal se pasa a la proyección mental en el reino animal. Para ascender en la escala evolutiva, se hace contacto con el sujeto en más niveles. En el reino animal, no sólo se puede experimentar las cualidades físicas o la "fuerza de la vida" de la criatura examinada sino que se puede experimentar sus emociones y la conciencia animal.

Para continuar con la meditación respire profundamente mientras coloca sus manos sobre el corazón. Cuando esté listo, visualice un animal sobre la plataforma. Un animal doméstico es lo más seguro, sin embargo, puede visualizar cualquier animal que desee. Visualice el animal sobre la plataforma y examine su cuerpo físico de arriba hacia abajo. Después de unos pocos minutos visualícese frente al animal y llegue hasta él. Comience a acariciarlo tenga en cuenta su reacción. Puede aprender mucho del sujeto en esta forma. Continúe empleando todos los sentidos, pero antes comience a sentir la personalidad del animal contactado. Es importante recordar que se está más que imaginando cuando se proyecta la conciencia. Usted está contactándose con el animal en el nivel mental a través de la mente inconsciente. El animal sentirá su presencia suavemente. Puede ayudarle hablándole mentalmente para reafirmar sus intensiones positivas. La empatía es parte importante de la curación así que comience a simpatizar con el animal contactado. Le será fácil si comienza a actuar permitiendo sentir lo que siente y piensa la criatura. Cuando sienta que ha percibido tanto las cualidades físicas y la personalidad del animal, respire profundo y afirme mentalmente: "Ahora estoy en el interior del animal percibiendo su plenitud".

Enseguida se sentirá cómodo porque el animal se ajusta a su cuerpo. Sugiero que comience a examinar los pulmones del animal. Visualícese frente a ellos empleando todos los sentidos y comience el examen. Alcáncelos y tóquelos con su mano. Sentirá el movimiento rítmico de los pulmones como su inhalación y exhalación. Perciba todas las cualidades físicas que pueda pero no se detenga allí sienta lo bueno o lo malo de los pulmones, ¿funcionan los pulmones normalmente? ¿Son saludables? Por último, simpatice con la criatura y perciba lo que siente el animal. El poder percibir algo es una habilidad innata como la simpatía. Haga lo mejor que pueda hacer y no se desanime si no puede percibir el animal con totalidad. Con la práctica lo hará. Cuando haya percibido los pulmones y el área circundante y le guste dicha percepción, proyéctese en la base de la columna vertebral del animal. Llegue y toque una de las vértebras. Note la diferencia entre el tejido diferente y los órganos en el área espinal. Tome de dos a tres minutos para examinar la vértebra, la columna vertebral y el tejido circundante. Después de dos a tres minutos o cuando se sienta conforme, proyéctese en cualquier lugar en el cuerpo del animal. Si va a un área enferma, note las diferencias entre el tejido enfermo y el sano luego tómese otros cuatro ó cinco minutos para completar el examen. Cuando termine visualícese fuera del animal, a una distancia de seis pies (dos metros) de la plataforma. Respire profundamente y libere mentalmente al animal y la plataforma. Baje sus manos, colóquelas al costado y relájese.

En las meditaciones exitosas, se puede continuar examinando el mismo animal u otro si lo quiere. Sugiero practicar la proyección mental de ahora en adelante regularmente puesto que muchas de las técnicas en la curación espiritual dependen de ella.

El viaje de regreso a la conciencia normal comienza con una afirmación. Mientras respira rítmica y profundamente diga mentalmente: "Cada vez que voy a este nivel es más fácil para mí ir a niveles mentales más elevados y profundos". Luego comience a contar de 1 a 5 así: 1, 2 luego diga mentalmente: "Estoy llegando lentamente," y cuente 3, 4, 5... abra los ojos y cuando llegue a 5 diga: "Estoy muy despierto y más relajado que antes".

6

Los chakras

La energía procedente de los planos etéricos, mentales y espirituales que se emplea en la curación espiritual entra el plano físico a través de centros energéticos llamados *chakras*. La energía que viene de planos superiores afecta directamente las emociones y la salud física. Cada persona tiene siete chakras (la palabra chakra en sánscrito significa rueda). Las chakras tienen la apariencia de orificios en forma de ruedas que yacen sobre la superficie del cuerpo etérico. En realidad se asemejan a embudos largos y delgados con la abertura más grande sobre la superficie del cuerpo etérico. Los chakras se asemejan a los antiguos audífonos usados en el siglo diecinueve (ver figura 1, página 22).

Estos chakras actúan como terminales a través de los cuales la energía, o prana, es transferida de planos superiores al cuerpo físico. Para comprender y practicar la curación espiritual es importante entender cómo funcionan los chakras. Del mismo modo en que ocurren problemas en las estaciones de trenes y los terminales aéreos cuando se interrumpe el tráfico, pueden ocurrir problemas similares cuando la energía se retarda al ser transferida a través de los chakras. Estos problemas originados en los planos superiores, debilitan el sistema energético. Esta debilidad es luego transmutada al plano físico donde fomenta el desarrollo de la enfermedad física.

La persona clarividente frecuentemente verá o sentirá la enfermedad en el plano etérico antes de manifestarse en el cuerpo físico. El clarividente puede verla usando su habilidad psíquica, puede tocarla con su mano o verla en el aura (el campo energético que rodea y cubre cada ser humano) de su paciente. Hace un tiempo una joven vino a mi consultorio. En el transcurso de la consulta vi clarividentemente a un hombre alto y calvo que usaba gafas y que aparentaba tener unos cincuenta años. Al parecer tenía algún vínculo con ella. Le pregunté por él y ella respondió que seguramente era su padrastro pues encajaba en la descripción. Le pregunté por el estado de su corazón porque veía una mancha café en el aura encima de su corazón. El color café en el aura siempre indica enfermedad. Ella me contestó que no tenía ningún problema cardiaco y que en su última revisión médica de hace 2 meses los doctores le habían dicho que su estado de salud era muy bueno. Le expliqué que aunque la enfermedad no se manifestara existía en el plano físico y tarde o temprano lo afectaría negativamente. Ella pareció no estar convencida de ello. Al poco tiempo dejó de asistir a las consultas. Seis semanas después recibí una llamada telefónica era la misma joven. Ella me llamaba para pedirme que realizara una curación en ausencia para su padrastro que había sufrido de un ataque cardiaco. Me explicó que él estaba en el hospital en cuidados intensivos y que ella lo agradecería mucho si yo hacía algo, lo que por supuesto hice. Por fortuna él se recuperó pero fue obligado a limitar sus actividades.

El ataque cardiaco de este hombre pudo haber sido prevenido si cuando vi su condición, me hubiera sido permitido trabajar con él y enseñarle como abrir y equilibrar los chakras (la salud no es posible si los chakras no funcionan adecuadamente). Tal vez entonces su ataque cardiaco no se hubiera transmutado del plano etérico al físico.

Para resolver los problemas en los chakras y prevenir la enfermedad he desarrollado un sencillo ejercicio que al hacerse con regularidad abrirá y equilibrará los chakras permitiendo que la energía fluya tranquilamente a través de ellos. El proceso de abrir y equilibrar los chakras tiene un propósito dual. Primero, es necesario mantener los chakras abiertos y equilibrados para conservar la salud. Si una persona tiene problemas médicos, el equilibrio de los chakras contribuyen a su rápida curación y recuperación. Segundo, la curación de otras personas requiere la transferencia de grandes cantidades de energía a través de los chakras. Lo anterior sólo puede hacerse cuando los chakras están abiertos y bien equilibrados.

En mis seminarios, he descubierto que el preparar adecuadamente a los estudiantes para que tengan abiertos y equilibrados los chakras antes de comenzar a canalizar la energía de curación a sus pacientes, les permiten lograr sanaciones más exitosas que si tuvieran sus chakras cerrados y desequilibrados. He encontrado que cuando oro y medito regularmente, los chakras se mantienen fuertes y saludables y se tiene más éxito en la curación.

El primer chakra

Como lo dije anteriormente existe siete chakras. El primer chakra, el chakra raíz, reside en la base de la columna vertebral. Cuando se activa adquiere un color rojo-naranja encendido. Este chakra sirve como canal para que las energías entren al plano terrestre. Cuando funciona adecuadamente una persona siente una profunda unión a la tierra. Los siete chakras se asocian a las siete principales glándulas existentes en el cuerpo físico. Alice Balley dice al respecto: "Los siete centros de fuerza se encuentran en la misma región donde se encuentran las siete glándulas principales. Cada centro de fuerza de acuerdo a la enseñanza esotérica es en realidad su parte externa".[35] El primer chakra corresponde a las glándulas suprarrenales que controlan la constitución química de los fluidos del cuerpo y yacen en cada riñón.

El segundo chakra

El segundo chakra se conoce como chakra esplénico o sacral. Está situado cerca a los órganos reproductores. Este chakra corresponde al sol y por lo tanto cuando se activa irradia todos los colores de la fuerza vital (prana): rojo, naranja, amarillo, azul y violeta. Se asocia a las gónadas y controla la energía sexual y creadora.

El tercer chakra

El tercer chakra se conoce como centro pléxico solar o naval. El tercer chakra es importante porque a través de éste el ser humano se siente conectado al mundo físico y etérico. Esta es la salida por la cual la energía emocional fluye. Para la mayoría de las personas, la personalidad se ubica allí. Este chakra se asocia con dos colores, rojo y verde. El chakra del plexo solar corresponde al páncreas un órgano plano que está en la parte inferior y posterior del estómago. Las enzimas secretas por el páncreas son importantes en el metabolismo de lípidos y proteínas. Además el páncreas secreta insulina las cual es muy importante en el equilibrio de los niveles de azúcar en la sangre y en el control del metabolismo de carbohidratos.

El cuarto chakra

El cuarto chakra es el centro del corazón. Este es de un color dorado resplandeciente. Es la fuente de luz y amor no sólo del humano sino del Divino que el nuevo testamento describe poéticamente como "ríos de aguas vivientes".[36] El chakra del corazón es el punto de estudio más importante en la curación espiritual. Es desde el corazón humano que "el amor de Dios se expande".[37] Las energías transformadoras del corazón son el principal punto de estudio en la curación. Se debe aprender a pensar desde el corazón proyectando la conciencia desde ese centro vital y después enfocar los poderosos rayos de curación a aquellos que necesitan ser sanados. El chakra del corazón está encima del corazón. La glándula del timo corresponde al chakra del corazón. Hasta ahora, no se sabe mucho acerca de cómo él trabaja. Sin embargo, investigaciones modernas lo conectan al sistema inmunológico y aunque alcanza su mayor tamaño durante la pubertad y luego el tejido linfático es reemplazado por un tejido adiposo, existen razones para creer que su estimulación aumenta y promueve el sistema inmunológico en la adultez.

El quinto chakra

El quinto chakra es el chakra del cuello. Para el clarividente experimentado, este parece tener un color azul plateado aunque con frecuencia parece verde. El centro se encuentra en la parte de atrás del cuello comenzando justo abajo de la médula oblongata y bajando hacia el frente del cuello abajo de la manzana de Adán. Este chakra es importante porque es el centro de la expresión humana que permite a cada entidad comunicarse creativamente con el mundo exterior. Este transmite las intenciones del alma. Su externalización física es la glándula tiroides que equilibra el cuerpo controlando la velocidad del metabolismo. Se encuentra en ambos lados de la tráquea.

El sexto chakra

El sexto chakra es denominado chakra de la frente o el Tercer Ojo. Se localiza directamente entre y sobre las cejas. Este irradia dos colores primarios: amarillo que alterna con un azul profundo que en los comportamientos evolucionados se aproxima al violeta. Se relaciona directamente a la vista pero no al sentido físico sino en el sentido mítico de poder ver hacia planos superiores, la vista intuitiva, la clarividencia y otras formas paranormales de conocimiento. El sexto chakra es donde yace la creatividad y cuando se activa, yace en él la inteligencia Divina. Es el de más importancia en la curación en ausencia.

Durante mis experiencias, he encontrado que los rayos canalizadores del chakra de la ceja (Tercer Ojo) y el chakra del corazón simultáneamente ayudan a sanar efectivamente a distancia. En los seminarios que dicto explico que cuando activo estos chakras físicamente y mentalmente y luego visualizo la absorción de las partes de mi paciente, los rayos tienen un efecto importante sobre ellos.

La externalización física del chakra de la frente es la glándula pituitaria que se localiza en la base del cráneo y que segrega varias hormonas cuya función en general es regular, el crecimiento y el metabolismo.

El séptimo chakra

El séptimo chakra se conoce como el chakra de la corona. Cuando se activa es el más vibrante de todos los chakras. Parece vibrar con muchos colores aunque para un ojo entrenado es más violeta. Este chakra está ubicado en la parte superior de la cabeza. En el hinduismo se le llama "miles de flores de loto". Este chakra es el último que se despierta y por lo tanto corresponde al nivel más alto de la perfección espiritual. Similar a los otros chakras, es un canal para energías superiores que entra en el cuerpo procedente de planos superiores. Sin embargo diferente a los demás chakras, cuando se activa por completo puede revertirse él mismo y luego radiar como el sol mostrando amor y generosidad al ambiente circundante. El chakra de corona corresponde a la glándula pineal que se localiza bajo el cerebelo. En términos médicos no se entiende completamente su función pero se sabe que tiene que ver con el crecimiento. No se sabe más, pero para el sanador es importante pues es el recipiente de las energías espirituales más profundas que precisamente tienen un efecto transformador en la enfermedad física. Las energías que entran a través de la corona se renuevan. Mientras se genere más fuerza espiritual en la regeneración, más energía fluye al chakra formando así sobre la cabeza del individuo una verdadera corona de pura luz y energía Divina.

Después de un corto tiempo de haberme entregado a la práctica de la curación espiritual, comencé a notar que durante y después de la sesión mi cabeza ardía o vibraba con el centro de la vibración que venía de la parte superior de mi cabeza radiando hacia el cráneo. Entre más trabajaba, más pronunciado era el ardor que parecía durar todo el día o días y que terminaba con más fuerza cuando me concentraba en ella. Fue un sentimiento muy satisfactorio pero me inquietó hasta que algunos compañeros me recordaron las características particulares del chakra de corona (que las energías pueden revertirse), que muchos sanadores han experimentado esta sensación de ardor, y que una vez la reacción comienza, usualmente ejecutando alguna clase de servicio espiritual la energía se auto-genera.

Abriendo y equilibrando los chakras

Los chakras, como se ha visto, son ventanas que transmiten energía al cuerpo físico. Cada chakra es una puerta para la energía de diferente frecuencia. Cuando algunas de estas puertas se cierran o se bloquean por cualquier razón se originan problemas porque se limita la energía necesaria para alimentar el cuerpo y estos problemas se transmutan más tarde en enfermedad física. Para corregir estos problemas se debe abrir y equilibrar los siete chakras. La técnica que describo abajo hará esto si se le practica regularmente. Esta técnica es llamada "equilibrar los chakras".

Comience encontrando un lugar tranquilo donde pueda sentarse o acostarse cómodamente por 5 minutos. No importa si se sienta o se acuesta. Asegúrese que su espalda esté derecha. Para aquellas personas que están familiarizadas con la posición de flor de loto, esta bastará. Si se tiene problemas con ella porque les incomoda, los resultados serán igualmente buenos si se acuesta con las manos en los costados. Así que siéntese en la posición de flor de loto, en una silla de espaldar derecho o acostado. Luego simplemente cierre los ojos y relájese. Deje que su mente vague y no se esfuerce por controlarla. En vez de esto déjela ir a su lugar perfecto de relajación (su santuario).

Descanse por un rato y luego cuente de 5 a 1. En cada número respire profundo y siéntase más relajado. No hay necesidad de controlar la mente simplemente deje que vaya a donde quiera. Cuando llegue al número 1, repita en voz baja la siguiente afirmación: "Estoy profundamente relajado, me siento mejor que antes". Como puede ver, cada ejercicio espiritual es una oportunidad para reprogramarse. Luego concéntrese en el primer chakra que está en la base de la columna vertebral. Tan pronto se concentre en él, el chakra comenzará a vibrar. De este modo se puede localizar cada chakra pues la sensación de movimiento se origina desde su centro. Al concentrarse en los chakras se experimenta su abrir y su expansión. Se puede sentir los distintos lugares donde ellos se localizan y el pulseo o sensación de movimiento provocado por las energías que pasan a través de ellos hacia el aura.

Al concentrarse en el primer chakra, no sólo puede localizarlo, también logrará que la fuerza mental de la concentración sirve para activarlo. Esta estimulación mental es el primer paso para abrir los chakras. El siguiente paso es respirar desde cada chakra. De este modo se les puede estimular aún más que traer a los chakras, la energía inherente en la respiración, que es una manifestación de "prana" (fuerza vital). Con la mente y la respiración se puede iniciar fácilmente el proceso de abrir y equilibrar los centros energéticos. Comience en el primer chakra (base de la columna vertebral), concentrándose en él. Después respire hacia él y luego lentamente sin separar la inhalación y la exhalación, exhale mientras canta el universalmente conocido "*Ohmmm*" en cada chakra. Lo más importante que hay que recordar en el último estado (cantando en la exhalación) es que la nota musical que se cante debe provocar una vibración acorde en el chakra. Se compara este fenómeno a la vibración acorde que produce un violín cuando un afinador es golpeado y tiene el mismo tono en una de las cuerdas. Repita el proceso

cantando *Ohm* tres veces en cada chakra, comenzando en la
base de la columna vertebral y terminando en la corona.

Levante una nota *Ohm* por cada chakra, comenzando con
G para el primer chakra, pasando a través de las siete notas
de la escala musical (mientras se va a través de los siete chakras). La técnica de equilibrio de chakra toma sólo de 3 a 4
minutos pero con este corto tiempo se pueden notar los
resultados. Los chakras no sólo se abren sino que se equili-
bran creando una integración saludable de energías que for-
talecen y revitalizan el sistema energético del cuerpo físico.
El sistema energético se fortalece también protegiendo al ser
del negativismo encontrado en ambientes externos. Muchas
personas comparan sus efectos a los efectos de meditar
durante media hora o más. Recomiendo con frecuencia que
ésta sea una alternativa cuando el tiempo no alcanza para
una meditación completa. Debería practicarse dos veces al
día, en la mañana y en la tarde. No recomiendo practicarla
antes de irse a acostar puesto que tiende a estimular los nervios y se puede permanecer despierto y no poder dormir. Si
se practica regularmente pronto se sentirán sus efectos. Su
mente estará más alerta, la ansiedad disminuirá y se sentirá
más relajado. Además el nivel energético se incrementará
dándole una enorme sensación de bienestar. La práctica estimula el fluir del prana en el cuerpo físico, permitiéndole
sanar y renovarse más rápido. Se es más útil y más exitoso
como canal para sanar porque fluye más prana a través de
uno. Como siempre, al sanarse usted tendrá más éxito
sanando a los demás.

7

Prana

Prana en sánscrito significa "energía absoluta" (fuerza vital). Se cree que en cada respiro que toma una persona, el prana fluye en él. Para convertirse en maestro del pranayama ("la ciencia de la respiración"), una persona no sólo aprende a controlar su respiración sino a sumergirse en la fuerza vital y de esta manera controlar el "sistema energético" para poder transmitir la energía en cualquier vibración que requiera. Esta fuerza vital actúa como un adhesivo cósmico. El Todo la irradia, flotando en cada dimensión, llegando a cada espacio disponible, conectando todo en todos los cuatro niveles. El prana es la fuerza primordial, fuente de todas las fuerzas en el Universo. Transmite pensamiento a través del éter y sin embargo no es pensamiento. No es materia pero por el prana la materia existe en todas sus vibraciones. Todo lo que se origina en el prana es transmutado en diferentes vibraciones. Sin embargo, el prana no es conciencia (Brahma). Prana es simplemente la energía absoluta que hace que todo continúe, es el motor de la vida.

El Bhagavad Gita dice que un yoga puede convertirse en maestro del pranayama y al hacer esto puede ser uno solo con el Brahma convirtiéndose en co-creador de la creación continua del Todo. Al emplear la fuerza vital junto con su mente inconsciente puede renovar lo que se ha gastado y sanar lo que se ha enfermado. Su habilidad le permite transmutar todo lo que él quiera: "...de estado a otro estado; contexto a contexto; condición a condición".[38]

En el *Kathopanisad* al prana se le compara con el fuego:

Escucha, O Naciketa, escucha con mucha atención.
Tengo el conocimiento del fuego
que conduce a la inmortalidad.
Este fuego —esta energía—
es el camino al cielo.
Es el soporte de toda creación,
y se encuentra en el interior del corazón
(el misterio de la vida).[39]

Cuando una persona se convierte en maestro del pranayama, él puede emplear la "energía absoluta" para renovar, crear y, lo más importante, para sanar. La respiración transmite el prana en su más alta concentración a través del "sistema energético" de una persona. La correcta respiración puede incrementar el nivel energético (nivel de prana) para luego emplearlo como electricidad para cualquier propósito útil.

Respiración normal

La respiración no sólo trae oxígeno al cuerpo. La respiración determina el estado de salud de una persona estableciendo la cantidad y clase de prana que fluye al sistema energético desde los dominios superiores. Al concentrarse, (viéndose uno mismo claramente) el sanador aprende lo importante que es respirar adecuadamente. El ve que la incorrecta respiración obstaculiza el fluido normal de energía y la alimentación que viene de planos superiores al cuerpo físico. La energía Divina (prana) puede transmutarse en vibraciones más bajas pero se origina en el plano espiritual y para el sanador esto es sinónimo de la fuerza de curación Divina que viene del Todo.

La respiración incorrecta inhibe el proceso de curación. Cuando hablo del proceso de curación hablo también del proceso de autocuración o renovación. Para mantener un estado saludable, se debe respirar correctamente. Cuando la respiración no es completa —cuando hay un vacío, respira por la boca o inconscientemente se sostiene la respiración entre inhalación y exhalación—, la persona perjudica su sistema en el nivel físico. Pero lo más importante es que obstaculiza el libre fluir de prana que viaja a través de los chakras. En el nivel físico, la respiración cortada debilita los músculos del diafragma causando su atrofia. La respiración incorrecta también debilita la tercera parte más baja de los pulmones por la misma razón. La respiración incorrecta inhibe el libre fluir de energía desde el nivel etérico y consecuentemente las emociones se debilitan. La respiración cortada también impide los sentimientos de amor y todo lo que asocie a los chakras tres y cuatro, el plexo solar y el corazón respectivamente. Debido a que el prana no puede alcanzar los terceros y cuartos chakras, las relaciones y las conexiones de la persona con el mundo, las instituciones, lugar y personas se rompen.

En el caso del cuarto chakra, el centro del corazón, es el amor el que se cohibe. El peligro es evidente. Cuando se respira de manera entrecortada, se obstaculiza el amor, la calidez y la ternura y, como consecuencia, se siente soledad en un mundo donde la verdadera satisfacción proviene de relaciones amorosas. Además, cualquier enfermedad en el nivel etérico, el nivel de las emociones, eventualmente se transmitirá, produciendo también enfermedad en el nivel físico.

Las personas que pasan su tiempo con niños pequeños notan que los niños respiran sin separar la inhalación de la exhalación. Esto se considera respiración normal. Los niños no aprenden a respirar de esta forma pues es un ritmo natural que funciona perfectamente hasta que algo lo impide. El sanador, en su trabajo, se convierte en un niño porque recuerda sus ritmos naturales y permite que su cuerpo regrese a ellos. Para los que notan una ligera pausa entre la inhalación y la exhalación recomiendo practicar el ejercicio que hay al final de este capítulo. Este ejercicio ayuda a reeducar el cuerpo y recordar como la respiración del niño es la más saludable. La poca separación puede parecer insignificante pero puede obstaculizar también el quinto chakra (el chakra del cuello), inhibiendo la autoexpresión que frecuentemente provoca ansiedad y auto—compasión.

El respirar por la boca es otra forma anormal de respiración que también es peligrosa por varias razones. Al dejar de usar los órganos normales de respiración la persona omite los sistemas naturales de filtración, contaminando los sistemas receptores en el interior del cuerpo. En lugar de dejar que las membranas mucosas atrapen los objetos extraños, las impurezas y el polvo, la boca deja pasar toda clase de partículas al sistema respiratorio. Estas partículas pueden depositarse y acumularse en el sistema respiratorio irritando los túbulos bronquiales y los pulmones. Dicha irritación puede provocar inflamación y problemas posteriores más graves. Los conductos nasales tienen otra función importante porque enfrían el aire caliente y calientan el aire frío cuando entra al cuerpo. Cuando se respira por la boca el aire puede entrar al sistema respiratorio a temperaturas elevadas y esto puede perjudicar el sistema. El practicante de yoga Ramacharaka dice que una persona que habitualmente respira por la boca "está violando una de las leyes de la naturaleza y siembra las semillas de la enfermedad".[40]

Cuando el aire pasa por los largos y estrechos conductos nasales, no sólo es limpiado de partículas manteniendo la temperatura normal. El aire es purificado y comienza inmediatamente a liberar prana en el sistema. Respirar por la boca tiene otro aspecto negativo pues se descuidan los conductos nasales que se atrofian y no limpian. Esta condición insana puede conducir a problemas respiratorios como la congestión, inflamación e infección.

Respiración yógica

En el yoga, existe una técnica que ayuda a respirar adecuadamente. A esta técnica se le denomina la tercera parte de la respiración yógica. Lo explicaré con detalle en un momento pero primero debo decir que es importante recordar lo que ya se sabe. No estoy enseñando nada nuevo. Si se ven las cosas con claridad se descubre como la gente aprende a enfermarse. Para muchos de nosotros nuestro primer estado fue el de perfecta armonía y salud. La enfermedad es un proceso que continua en la medida en que la persona presta su apoyo consciente e inconsciente.

La enfermedad no es un estado permanente del ser. Este es un proceso que continúa tanto como se le alimente. Al dejar de promover la enfermedad se puede revertir. Cuando se deja de alimentarla y se alteran las condiciones necesarias para mantenerla, la enfermedad comienza a desaparecer.

Cuando se respira correctamente se alimenta y vitaliza el sistema. La fuerza vital (prana) ayuda a desarrollar las defensas en contra de la enfermedad. Con una mayor fuerza usada en contra de ésta, se obliga a la enfermedad a salir. La respiración plena, como llamo a la respiración yógica, es una síntesis de las tres respiraciones básicas y es frecuentemente llamada respiración completa. Los tres elementos son:

- la respiración abdominal, en la cual el abdomen se expande y estira;
- la respiración media, en la cual el aire llena el abdomen y luego la cavidad torácica expandiendo también las costillas y levantando los hombros; y
- la respiración nasal, en la cual el aire habiendo llenado el abdomen y luego el pecho, llena las fosas nasales y luego la cabeza.

En la respiración yógica completa, no sólo se da más oxígeno al cuerpo físico sino que se estimula los chakras al traer prana desde el abdomen hasta la cabeza. Como se sabe, todo vibra, incluyendo el prana y su vibración, afecta los chakras, manteniéndolos abiertos y funcionando.

La respiración correcta es parte esencial de otras técnicas mencionadas en este libro. Así, que si se quiere sanar se debe practicar diariamente una vez al día el ejercicio descrito abajo. Este ejercicio será benéfico.

Comience por sentarse cómodamente con la espalda recta y sus piernas estiradas sobre el piso. Puede usar la posición de flor de loto si se quiere. Cuando se siente, ponga su mano derecha en su abdomen justo abajo del plexo solar; esto ayuda a sentir el ritmo de la propia respiración, haciendo también que el fluido sea más rítmico. Luego cierre los ojos. El cerrar los ojos no es esencial pero ayuda a relajar porque hace la respiración rítmica más fácil. Comience a inhalar primero llenando los pulmones más bajos de aire. Con su mano en el abdomen, sentirá que los músculos del diafragma se estiran mientras su estómago se extiende suavemente. Continúe inhalando sintiendo que el aire llena la parte superior y media de los pulmones. Los hombros se aligeran y los músculos de las costillas se estiran mientras los pulmones se expanden. Durante la respiración media, algunas personas sienten dolor en la parte superior de la espalda entre las paletas de los hombros. El dolor es provocado por los músculos que con el paso de los años se contraen y se han vuelto rígidos. Esto se debe a que se respira incorrectamente. No deje que la incomodidad lo desanime, continúe; en unos pocos días la incomodidad desaparecerá y los músculos volverán a ser elásticos. Después de llenar los pulmones con aire, deje que el aire continúe fluyendo llenando sus fosas nasales y la cabeza, dándole una sensación ligera de satisfacción. Cuando exhale, revierta el proceso, dejando que las fosas nasales se vacíen primero y luego la parte superior, media y finalmente los pulmones más bajos. Sus hombros caerán naturalmente y el diafragma regresará a su posición normal (ver figura 3). Sin separar la inhalación de la exhalación, continúe este ejercicio durante cinco minutos. Primero, dedique algunos momentos del día para practicar pero después de dominar el ritmo se deberá realizar esta práctica con regularidad. Concéntrese en su respiración y suavemente conviértala en respiración completa cada vez que se cae en el viejo hábito. Ahora, es necesario una advertencia. Asegúrese de ser amable con usted (no caiga en el hábito de verse respirando todo el tiempo). No se obsesione porque simplemente se debilita en otras áreas y en lugar de liberarse se puede restringir aún más.

La respiración fluida

He encontrado una variante de este ejercicio muy útil. Durante la inhalación, imagine un líquido vital que fluye con su respiración. Este líquido es el prana que se puede ver en la

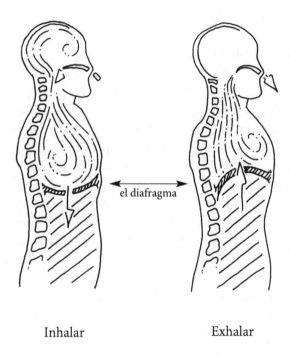

Inhalar   Exhalar

Figura 3: La respiración yógica

visualización como un fluido de luz y energía que explota. En cada inhalación imagine este líquido fluir al interior de las fosas nasales, los sinoides, conductos bronquiales y pulmones. En cada exhalación imagine que la energía está radiando todo el cuerpo llegando a los órganos, tejidos, células e incluso moléculas. Esta variante reprograma la mente y los centros conscientes por todo el cuerpo incluyendo el núcleo de las células. Al visualizar el cuerpo siendo revitalizado, aún en el nivel celular, se crea esa realidad en el plano mental. Luego a través de la transmutación las células se re-energetizan.

Cuando se comienza completamente el proceso de respiración pronto se ven los resultados positivos. Lo primero que se experimenta es un incremento en la vitalidad. Se nota que es menos propenso a la ansiedad y la depresión. Es más, los pensamientos mórbidos y la amargura que acompañan estos sentimientos desaparecen. Las emociones fluyen más fácil y se profundizan cuando los chakras se abren. También es beneficioso para aquellos que tienen mala memoria. Se hará un mejor contacto con el "Yo" y la voluntad personal. Entre más prana fluya en su cuerpo se experimentará más fuerza interior y más energía. Con el incremento del prana, hay más resistencia para vencer los malos hábitos y las adicciones desaparecen rápidamente. La respiración yógica es útil especialmente para los fumadores adictos. Una vez se comienza a respirar adecuadamente el deseo de fumar se reduce notablemente. La respiración correcta fundamenta muchas de las técnicas que se aprenden en este libro. Entonces comience a respirar profundo y completamente, luego adquiera el hábito de respirar correctamente. Si lo hace nunca volverá a tener malos hábitos para respirar.

8

Curación en ausencia

A medida que se va avanzando en la curación se es más consciente de las características internas. Se aprende más de su *Yo soy*, su yo inconsciente. Se siente más prana fluir a través del "sistema energético", el sistema que canaliza y distribuye la energía. Se hace más fácil contemplar y luego recordar quien es uno. El nuevo despertar y la liberación del yo inconsciente es esencial para tener éxito en la curación. Cuando se regresa de nuevo al equilibrio y se ha rehusando a identificarse con el yo consciente (el más bajo), el sanador se convierte en el agente de conciencia Divina que puede canalizar la energía. Entonces el carisma, la señal del equilibrio ya logrado, se hace evidente y donde quiera que se vaya se sanará. "Si se desea realmente ser maestro de un arte (en nuestro caso la curación), no se necesita mucho conocimiento técnico". El maestro contemporáneo Zen D.T. Suzuki afirma: "Hay que ir más allá de la técnica para que el arte no sea sólo el arte que nace de la inconsciencia".[41]

Como ya hemos estudiado en los capítulos anteriores, la mente produce palabras mientras se está en la frecuencia beta, el nivel consciente. Se sabe también que la mente crea imágenes cuando la frecuencia de onda cerebral baja al nivel alfa o teta. Cuando se encuentra en el nivel alfa o el nivel teta, el nivel inconsciente, se es continuamente sanado y renovando. Es desde ese nivel que la energía fluye de manera constante de persona a persona.

Enfocando la energía de curación

Los seres humanos pueden proyectar su conciencia a través de la visualización mental a cualquier parte del universo. También, por medio de la proyección mental, se puede alterar la realidad física creando nuevas realidades en el plano mental a través de la visualización. Además, la habilidad de visualizar permite enfocar las energías de curación mental para quienes requieran de ella. Se puede diferenciar la visualización del entresueño porque en la visualización las imágenes no se producen ampliamente sino que se programan antes o durante la sesión de curación. La mente consciente, la mente objetiva racional, puede compararse con el teclado de una computadora. Con este teclado la persona puede programarla o afirmar lo que quiere y desde el banco central de datos —lo que Edgar Cayce llamó Récords Akashic y Carl Jung llamó la mente colectiva inconsciente— aparecerán imágenes en la pantalla de la mente consciente. Podemos utilizar esta habilidad natural para programar imágenes y desarrollar a partir de éstas una técnica que puede ser universalmente aplicada a la curación. Con esto se aprenderá a dirigir las energías de curación a aquellos que la necesitan.

Experimentando con el nivel alfa

Ahora posee un método confiable para entrar en el nivel alfa-teta. Lo anterior es importante en la curación porque ésta es mucho más que afirmaciones y visualizaciones. La curación es la canalización de energía espiritual (energía que viene del todo) por parte del sanador en el nivel alfa y teta. No se deben dar muchas vueltas al recordarle de nuevo que esta energía canalizada proviene del Todo; la fuente de curación no son los sanadores ya que ellos simplemente canalizan y enfocan la energía.

Sin embargo para enfocar la energía debe existir una relación entre la fuente de curación, el Todo y el canal llamado por conveniencia, el sanador. El proceso de enfocar la energía a través de la mente o desde el plano mental para emplearla en la curación física es lo que se estudiará en este capítulo. Aquí se combinarán las técnicas de meditación y respiración que junto con la proyección mental ya conocidas crean una técnica llamada "pantalla visual". Se puede emplear la pantalla visual para sanar tanto como dure la relación con el Todo, la fuente de energía de curación.

Entrega

La curación crece de la conciencia cuando una persona se relaciona con la fuente de curación. El ego, una función de la mente consciente, es el que bloquea la experiencia de la relación. El sanador deberá "rendir" su propio ego sin "maltratarlo" para así abrir las puertas a la energía de curación. Sólo de esta forma se puede establecer una relación y para que ésta se dé, debe existir un acto de entrega del sanador cuando deja a un lado su ego para darle paso al *Yo soy*.

Entregar es un proceso que siempre ocurre en el "ahora" pero debe repetirse muchas veces para que la persona lo recuerde profundamente. El entregar puede ser acelerado a través de la meditación, la técnica de yoga de respiración, la visualización y en particular con las afirmaciones. Entre más se afirme que se quiere ser un canal, que se quiere entregar a la energía que lucha por venir, más rápido será su avance y más pronto se unirá a el Todo. En la Biblia se lee: "llámame y yo te responderé y te mostraré las magníficas cosas que tu ya conoces".[42] Las afirmaciones tienen un efecto mayor cuando se está en el estado alfa o teta. Además, el lograr este estado es un pre-requisito para tener éxito en toda clase de curación. Es por esta razón que se comenzará la primera meditación de curación entrando al nivel alfa y teta.

Sanando en el nivel alfa-teta

Para entrar al nivel alfa-teta simplemente siga estas instrucciones. Encuentre una posición confortable con su espalda recta y ponga en práctica la técnica de Yoga de respiración aprendida anteriormente. Respire sin diferenciar la inhalación de la exhalación. Relájese mientras continúa con la respiración yógica y comience a contar de 5 a 1. Repita y visualice cada número tres veces. Cuando haya llegado al número 1 repítase y diga: "Me encuentro completamente relajado, mucho mejor de lo que estaba antes". Continúe con la respiración yógica y cuando esté listo cuente de atrás para adelante de 10 a 1, exhalando mientras repite mentalmente cada número. Continúe hasta que llegue al número 1, donde se deberá sentir muy ligero(a), muy relajado y mentalmente muy despierto. Ahora diríjase a usted mismo: "Cada vez que llego a este nivel mental aprendo a ser más creativo".

La vibración central pránica

En esta meditación aprenderá a utilizar un método alternativo para relajar al cuerpo físico. En esta forma de meditar conscientemente se concentrará en cada parte de su cuerpo, primero simulándola mentalmente y luego sintiendo una vibración que fluye a través de éste en lugar de tensionar y liberar las distintas partes del cuerpo físico como se hacía en la proyección mental. Luego se experimenta mentalmente toda la tensión siendo relajada. Este tipo de vibración se denomina "vibración central pránica". Esta vibración es una manifestación del cuerpo etérico que se encuentra presente todo el tiempo. Se es consciente de ella cuando el cuerpo etérico es liberado de los confines del cuerpo físico. Lo anterior puede ocurrir cuando se está en el nivel alfa o teta durante la meditación o el sueño.

Seguramente algunos de ustedes han despertado de repente con su cuerpo físico vibrando a tal extremo que no se puede mover. Esta vibración y parálisis temporal ocurren cuando una persona es consciente antes de que el cuerpo etérico haya entrado al "guante" del cuerpo físico.

Mientras se duerme, el cuerpo etérico sale del cuerpo físico donde es recargado de energía de los planos superiores. Esta es una de las funciones del sueño. Si se es consciente mientras el cuerpo etérico está apenas afuera del cuerpo físico o si se ha integrado la actividad mental inconsciente con la consciente, se experimentará conscientemente esta vibración. Esto es exactamente lo que ocurre cuando se sana en el nivel alfa o teta, pues se concentra y experimentan los efectos renovadores de la vibración central o pránica. Esta vibración es benéfica porque relaja y renueva el cuerpo físico y puede ser usada en la curación directa con "el tocar de manos".

Relajando el cuerpo físico

Para comenzar a relajar el cuerpo físico se debe concentrar en los pies. Si se concentra en ellos durante unos momentos los sentirá vibrar, siendo la sensación de movimiento causada por la circulación. Esta no es vibración pránica pero algunas veces la estimula. El concentrarse tiene otro efecto: mantiene a la persona en el nivel alfa-teta. Si se permanece en este nivel lo suficiente se comienza a sentir la vibración pránica. Por ahora sólo concéntrese en sus pies, sienta el movimiento y sienta que se relajan. Después sienta que la vibración se expande y relaja sus pies. Continúe el proceso, concentrándose en sus tobillos. Concéntrese en ellos hasta que comiencen a cosquillear y a relajarse. También puede ayudar masajearse los tobillos. Se puede emplear esta visualización para beneficiar cualquier parte del cuerpo. Hablar mentalmente a diferentes partes del cuerpo ayudará a relajarlo. Recuerde que cada célula tiene su propio centro consciente y que los pensamientos y palabras influyen en ellas.

Continúe la relajación física concentrándose en las pantorrillas, después en las rodillas. Luego sienta que la vibración en sus rodillas se mueve a sus muslos. Concéntrese en ellos hasta que se relajen completamente. Continúe con las nalgas, la región pélvica, el bajo abdomen y espalda, abdomen superior y parte media de la espalda. Concéntrese en la respiración y continúe hasta que ésta se haga más profunda y rítmica. El prana se visualiza en forma de un fluido lleno de energía que entra al sistema respiratorio con cada exhalación e inhalación ya que de esta forma se irradia a través del pecho. Se sentirá una sensación de estremecimiento en pechos y hombros, pero tiene que asegurarse que el pecho y los hombros estén relajados. En este momento se percibirá la vibración pránica central y será capaz de diferenciarla de cualquier vibración ya que se mantiene hasta cuando se pierde la concentración sobre este fenómeno. Después de que los hombros estén relajados se debe concentrar en los dedos y continuar con las manos, cadera, antebrazo, codos, la parte superior del antebrazo y finalmente se dirige hacia el cuello.

La cara es un órgano importante en este proceso ya que la mayoría de las personas acumulan tensiones en sus músculos. Se comienza con la mandíbula y después en la barbilla, boca, pómulos, nariz, orejas, ojos, y frente. Sentirá la vibración desplazándose hacia la parte posterior del cuello, para finalmente percibir la vibración en todo el cuerpo y se sienta relajado por completo. En este punto percibirá que las vibraciones normales han sido reemplazadas por las vibraciones pránicas. Generalmente la vibración pránica comienza en los pómulos pero se expande fácilmente a través de todo el cuerpo si este se encuentra completamente relajado.

Algunas personas necesitarán más práctica para reconocer las vibraciones centrales pránicas. Cuando el cuerpo esté relajado y perciba las vibraciones pránicas centrales, visualice y experimente la emanación de energía fluyendo hacia el chakra de la corona y desde allí desplazándose a todo el cuerpo. Deje que la mente divague y tan pronto como las imágenes visuales comiencen a aparecer afirme mentalmente: "Cada vez que alcanzo este nivel mental se me hace más fácil ir a los niveles más profundos y saludables de la mente". Hay que visualizarse en el santuario y permanecer allí por tres ó cuatro minutos hasta que se esté completamente satisfecho. Luego regrese del santuario y se afirme mentalmente: "yo soy un canal abierto de curación y la energía fluye por mi cuerpo".

La pantalla visual

A continuación visualice una pantalla blanca (como las pantallas de cine) a unos seis pies (dos metros) de distancia. Visualícela sobre una plataforma a unos treinta grados sobre su cabeza. Repita mentalmente el nombre de la persona que se va a curar. Levante la cabeza unos treinta grados y de inmediato verá a la persona aparecer en la pantalla visual. Esta técnica no requiere mucho esfuerzo si logra ubicarse en el nivel correcto de conciencia. Si ha llegado al nivel alfa–teta, el paciente permanecerá en la pantalla. Debe abrir el cuarto chakra (el chakra del corazón). Este chakra emanará sentimientos de amor. He descubierto que casi todos los problemas de visualización se resuelven cuando el sanador abre su corazón y emana sentimientos de amor y compasión hacia la persona que está visualizando en la pantalla. Cuando vea el paciente en la pantalla coloque mentalmente la mano derecha en el área enferma de su cuerpo. Luego coloque la mano izquierda al lado opuesto de la zona afectada (ver figura 4). Si por ejemplo el paciente padece de dolencias cardiacas se coloca la mano derecha en el corazón y la mano izquierda detrás de éste. Mantenga los 5 sentidos activos y alertas. Tenga en cuenta que sentir no es sólo estar ligado emocionalmente al paciente. En el proceso de curación así como en los procesos espirituales y mentales no se tienen que confundir los sentidos con los sentimientos. De otro lado para llegar a formar un canal efectivo entre el sanador y paciente debe permitir que las emociones fluyan libremente manteniendo los sentimientos abiertos. Simplemente hay que evitar ser afectado por los resultados de su trabajo. También evite que el ego se involucre en sus acciones para que éste no vaya a interferir en el proceso de curación. El sanador es sólo un canal y siempre hay que sanar sin tener pensamientos en la mente. Esta actitud de "caridad" como la denomina el Nuevo Testamento es muy importante. El Bhagavad Gita dice: "En este mundo las personas se encuentran ligadas a sus acciones a menos que estas acciones sean hechas como sacrificio. Por consiguiente...actúa y no hagas las acciones sólo como sacrificio".[43]

Hay que tener en cuenta que para mantener la visualización con claridad, el chakra del corazón debe estar abierto para que permanezca la imagen en la pantalla. Es muy importante concentrarse con el corazón y la mente inconsciente.

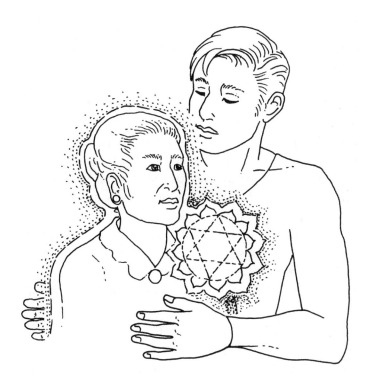

Figura 4: La pantalla visual

El chakra del corazón se activa por medio de la aplicación de la atención mental. Para esto se lleva la respiración al corazón y se coloca la mano derecha sobre él, los sentimientos de amor se activarán y conducirán esta energía al paciente, por lo tanto el sanador no tendrá problemas con la visualización mental. Inmediatamente se hayan visualizado las manos sobre el paciente, hay que imaginarlas que se van calentando con la energía que va fluyendo a través de ellas. Es importante que el sanador se concentre tanto como sea posible en el paciente ya que en el siguiente paso se debe sentir al paciente absorber la energía. Se tiene que percibir al paciente captando la energía y si es posible, el sanador debe percibir los efectos positivos de la energía que fluye por el cuerpo del paciente. Después de un momento el sanador tiene que estar integrado en esta parte del proceso de curación, ya que él tiene que experimentar por completo. Por eso mientras menos piense en él mismo, el sanador se concentrará en lo que está haciendo y se obtendrán mejores resultados. Tenga paciencia y permita que la energía sanadora fluya a través suyo. Se sugiere que al comienzo de la técnica se utilicen cinco minutos para practicar esta técnica especial de visualización.

Recargando el aura

Una vez sienta que esta técnica ha beneficiado al paciente, hay que visualizar nuevamente la pantalla visual a unos seis pies (dos metros) al frente suyo. Respire profundamente y sienta la relajación. Sienta la energía corriendo a través de sus manos pero en vez de proyectarla hacia una parte específica del cuerpo del paciente, se debe cubrir el aura del paciente (el campo de energía alrededor de todas las personas) con la energía de curación. La manera más fácil de visualizar es imaginando rayos de luz proyectados desde las manos del sanador que van cubriendo el aura del paciente.

Tan pronto como los rayos sean enviados se visualizará al paciente sonriendo, feliz y saludable y se debe recordar que lo que se ha creado en el plano mental, tarde que temprano será transmutado al plano físico. Se debe continuar cubriendo el aura del paciente con energía y se debe percibir al paciente absorbiendo energía. En este momento la cordialidad que es irradia a través de la piel se sentirá incluso en las células. Al comienzo de la curación se sugiere practicar esta técnica unos dos ó tres minutos para que tenga un efecto positivo en el paciente. El sanador debe recargase llenándose con energía para incrementar la vitalidad del paciente. El paciente absorbe el prana que el sanador le transmite y recarga además el sistema energético. Esta técnica no puede ser descartada a la ligera porque el sanador nunca afecta directamente el cuerpo físico del paciente, él trabaja utilizando los planos superiores y el paciente termina la curación por si sólo transmutando la energía que viene del sanador. El sanador afecta solamente el cuerpo mental y etérico del paciente. Depende del paciente que la energía sea efectiva en el plano físico y por esto su actitud es importante, ya que mientras más receptivo sea él, mayor será el éxito en la curación espiritual. En resumen, el paciente es siempre el que se sana por sí solo y cualquier técnica que emane prana hacia el paciente llena su aura con energía siendo sumamente beneficioso en el proceso de curación, porque si el paciente es receptivo la energía fluirá dentro del sistema de energía (que existe en el plano etérico) y será transmutada al plano físico. De esta manera la energía puede ser utilizada para la curación de la enfermedad física.

Al comienzo le tomará al sanador de tres a cinco minutos cubrir el aura del paciente con la energía sanadora. Cuando el aura esté completamente cargada, ésta resplandecerá con vitalidad incrementando su tamaño y haciendo que su forma y textura sean uniformes. Cualquier perturbación que aparezca en el aura antes de que sea recargada habrá desaparecido. Cuando esté seguro de haber recargado el aura del paciente, inhale profundamente y relájese por completo diciendo mentalmente: "Dios te ha curado, te está todavía curando y te seguirá curando por siempre". Se debe respirar profundamente en forma de exhalación y liberar al paciente de la pantalla.

Recargando el sistema de energía

En el último paso del proceso de curación, el sanador toma su tiempo para volver a recargarse de energía. Para esto se comienza a respirar profundamente, se sostiene por un momento y luego se deja volar la mente. Al hacerlo se siente una emanación de energía que recorre desde la cabeza (chakra de corona) hasta el cuerpo refrescándolo y sanándolo. Se siente la energía salir a través de las yemas de los dedos y de las puntas de los pies y si esto ocurre, se percibirá en cualquier momento otra emanación de energía. Se percibirá además otra oleada que pasará a través de todo el cuerpo haciendo que los chakras resplandezcan. Al principio la sensación de resplandor será aguda y confinada sólo al chakra de corona, pero a medida que se va sanando la sensación se volverá mucho más poderosa.

A media que la Energía Divina va fluyendo a través de las personas, ésta va afectando los centros de energía (chakras). Cuando los chakras se encuentren abiertos y balanceados la energía se irradiará inmediatamente a ellos. Cada chakra producirá sensaciones diferentes ya que ellas son señales positivas que indican que los chakras se encuentran abiertos y la energía de curación está pasando a través de ellos. El experimentar este tipo de sensaciones ha sido considerado en muchas tradiciones espirituales como un don divino, por tal razón los invito a que las disfruten en su totalidad cuando ocurran.

El tiempo escogido para recargarse nuevamente de energía depende de cada persona, y por lo general le toma de tres a cinco minutos al sanador realizar una curación directa (aplicando las manos). Cuando realizo curación en ausencia a través de mis meditaciones tomo mucho más tiempo.

El último paso de esta meditación y el de las meditaciones que discutiremos más adelante está relacionado con el retorno a la conciencia normal. Siempre que comience el retorno a la conciencia haga la siguiente afirmación: "Cada vez que canalizo la energía también soy sanado volviéndome un poderoso canal de curación". Lentamente se comienza a contar de 1 a 5, luego se cuenta 1, 2 y se afirma "Estoy llegando lentamente"...se cuenta 3, 4, 5 y se abren los ojos. Cuando se llega al número 5 se dice: "Me siento atento y perfectamente relajado y mejor de lo que estaba antes".

9

Curación mental

Como se sabe, las personas son capaces de proyectar su conciencia (su mente inconsciente) en cualquier lugar del universo. Esta es una habilidad que permanece oculta en cada uno de nosotros y es esencial en el proceso de curación en ausencia. En los capítulos anteriores relacionados con la proyección mental y la pantalla visual se ha enseñado a manejar estas técnicas. Este capítulo profundizará esta técnica proyectando su conciencia en el cuerpo físico de otra persona y realizando la curación mientras que se encuentra en este estado. Primero que todo ubíquese en una posición confortable, preferiblemente con la espalda recta. Cierre los ojos y respire profundamente, sin ningún intervalo entre inhalación y exhalación. En unos momentos alcanzará el nivel alfa-teta. En este momento el sanador no sólo será capaz de proyectar su propia conciencia al cuerpo de otra persona sino que será un canal para la curación.

Continúe respirando en forma yógica de dos a tres minutos. Luego cuente en forma regresiva de 5 a 1. A medida que vaya descendiendo de número repita tres veces el número y luego visualice. Tome su tiempo y finalmente cuando esté preparado, afirme mentalmente: "Me encuentro en este momento en el estado alfa y me siento mucho mejor de lo que estaba antes".

Continúe respirando lenta y profundamente. Después de algunos minutos cuente en forma regresiva de 10 a 1 y a medida que repite cada número mentalmente, se exhala. Continúe respirando de esta manera hasta llegar al número 1. Cuando termine repita esta segunda afirmación: "Cada vez que llegue a este nivel mental me será más fácil llegar a los niveles más profundos y saludables". Se debe poner especial atención en los pies ya que en algunos momentos aquellas vibraciones se desplazarán a través de los pies y se relajarán completamente los músculos, huesos y tejidos. La vibración se sentirá desplazarse de los pies hacia las rodillas, liberándolas y relajándolas del estrés y de la tensión. Siga la vibración cuando se esté desplazando hacia las pantorrillas y relájelas también. Concéntrese cuando las vibraciones alcancen cada parte del cuerpo físico y sentirá como si se libera de la tensión. Cuando las vibraciones alcancen cada parte del cuerpo repita esta afirmación: "Siento las vibraciones y mi (nombre la parte del cuerpo) completamente relajado". Esta vibración entrará a los centros de la conciencia a través del cuerpo físico y lo relajará por completo.

Cuando sienta que todo el cuerpo está vibrando y que la tensión y el estrés se han ido afirme mentalmente: "Mi cuerpo se encuentra completamente relajado, y se siente mucho mejor que antes". Deje divagar a la mente y visualícese en el santuario. Disfrute su santuario por unos cinco minutos, y perciba las vibraciones pránicas centrales que son irradiadas por todo el cuerpo. Después de los cinco minutos se regresa mentalmente al sitio de meditación y se afirma: "Soy un canal abierto y la energía de curación fluye a través de mí".

Usando el tercer chakra

En el capítulo anterior, se utilizó el cuarto y el sexto chakra para la curación en ausencia fuera del cuerpo del paciente. Para trabajar dentro del cuerpo físico del paciente debe prestar atención al tercer chakra (plexo solar) y sanar desde allí. Para hacerlo tiene que concentrarse y respirar desde el chakra del corazón. Las manos se colocan sobre el corazón para que la imagen del paciente se conserve en la pantalla visual. El cuerpo del paciente tiene que ser explorado por un momento para familiarizarse con él y así percibir sus cualidades y "vibraciones esenciales". Familiarizarse con el cuerpo del paciente es importante ya que se establece una armonía que se siente como un todo. Mantenga su atención en el tercer chakra y con sentimientos de amor coloque al paciente enfrente suyo. Continúe con atención hasta que sienta vibrar el tercer chakra. Cuando perciba la vibración, imagínese que un cordón se extiende desde su plexo solar, plexo del paciente. Sentirá como el cordón lo va arrastrando y uniendo al paciente. No se debe oponer resistencia y deje que su cuerpo sea arrastrado hacia el cuerpo del paciente. Finalmente se experimentará que tanto el paciente como usted se encuentren unidos y completamente entregados.

Diagnóstico dentro del cuerpo

Usando de esta forma el tercer chakra el sanador tendrá un contacto más profundo con su paciente, percibiendo además con mayor facilidad los sentimientos y las vibraciones negativas en el sistema de energía. Cuando se encuentre dentro del cuerpo del paciente, se debe afirmar mentalmente: "Estoy ubicado en medio de los pulmones del paciente". Inmediatamente el sanador estará ubicado allí. Para esto el sanador usará una de sus manos y palpará los pulmones. Es importante además que tenga los cinco sentidos alerta para ver como está el pulmón y percibir si el pulmón se encuentra saludable o no, o si siente cualquier anomalía en su vibración. Se deben tomar de uno a tres minutos para examinar primero un pulmón y luego el otro. Cuando este procedimiento haya terminado respire profundamente y exhale, visualizándose detrás de la columna vertebral del paciente. Examine la columna y los tejidos circundantes por dos ó tres minutos. Observe además las diferentes clases de tejidos y cuando esté seguro de haber examinado el área de la médula espinal por completo, respire nuevamente y visualícese cerca del área enferma del cuerpo del paciente. Si por ejemplo, algún riñón está enfermo imagine que se encuentra cerca a él. Inmediatamente se encontrará junto al órgano afectado y encontrará que los tejidos enfermos y sanos son completamente diferentes. Percibirá las diferencias en la vibración y verificará su textura, temperatura y color; los tejidos enfermos son por lo general de un color oscuro y tienen formas y texturas irregulares. A menudo el tejido aparecerá lleno de protuberancias o se sentirá muy frío o caliente. Si se observa un color café, negro, gris, amarillo o verde oscuro o si ve alguna mancha o color oscuro en el tejido de seguro habrá un problema en esa área. El diagnóstico del área enferma y sana del cuerpo etérico en los niveles mentales le ayudará al sanador a comprender cual de las técnicas es la más apropiada para la curación.

Curación interna

Cuando hayan sido examinados los tejidos enfermos, coloque mentalmente las manos sobre ellos. Las manos pueden estar una enfrente de la otra pero sin tocarse para que pueda percibir como fluye la energía y sentir las manos calentarse. El paciente absorberá la energía que fluye dentro de él con agrado. Envíe la energía de curación por dos ó tres minutos. Imagine que a su alrededor hay instrumentos, y que éstos son usados para la curación; instrumentos quirúrgicos, utensilios de cocina, herramientas mecánicas, etc. En la curación en ausencia cualquier herramienta puede ser usada, incluso aquellas escogidas por el paciente. Tome unos cinco minutos para realizar esta acción.

Curando por medio de visualizaciones

En cualquier proceso de curación en ausencia se pueden usar herramientas. A continuación describiré dos maneras efectivas de visualizar la curación utilizando herramientas. El primer caso trata de un paciente que accidentalmente se fracturó una pierna. Debido a varias circunstancias me fue imposible ver al paciente personalmente y por eso la curación tuvo que ser realizada a distancia. Inicié la curación visualizando dentro del cuerpo del paciente, justo detrás de la fractura. Yo tenía en mi poder un pegamento el cual utilicé en mi visualización para aplicarlo a los dos lados del hueso fracturado. Esperé por un momento y presioné ambos lados hasta que el pegante secó y el hueso estuvo fuertemente pegado. Luego lo cubrí con yeso quirúrgico y le apliqué sutura en el lugar donde se habían conectado los dos huesos. Esperé a que se endureciera y con una lima pulí el área para suavizarla. Finalmente le apliqué en el hueso una clase de medicina etiquetada como "medicina de curación". Imaginé que la energía de curación fluía desde mis manos hasta el hueso curándolo por completo. El reporte que recibí después confirmaba que el hueso había sanado al poco tiempo.

En otro caso, trabajé con un bebé que se había caído por unas escaleras. Cuando se inició la curación, el bebé se encontraba en una condición crítica: la niña se había desgarrado los ligamentos de la parte trasera del cuello y tenia hemorragias internas, teniendo múltiples coágulos en las venas y arterias del cuello y cabeza. En esta ocasión repetí el procedimiento anterior en las venas, arterias y ligamentos afectados. Primero visualicé el cuello del bebé y me ubiqué dentro de los vasos afectados. Visualicé además utilizando una broca eléctrica para romper los coágulos del cuello. Cuando los coágulos fueron desintegrados en pequeños pedazos visualicé arrastrándolos y poniéndolos en un balde que tenía a mi lado. Fui de vaso en vaso hasta que todos fueron destruidos. Comencé a sanar los músculos y ligamentos desgarrados y los curé cosiendo los lados afectados. Me imaginé que tenía una aguja que utilicé en el procedimiento. Cosí cada ligamento y músculo desgarrado. Finalmente regresé a los vasos sanguíneos y les apliqué "medicina de curación". Hice lo mismo con los músculos y ligamentos, aplicándoles medicina a cada uno de los que había cosido. Este procedimiento tomó más de cuatro horas, pero en realidad esto no fue lo más importante ya que al otro día me informaron que la bebé se encontraba fuera de peligro y que se estaba recuperando rápidamente.

Usando sus herramientas

Cuando practique la curación mental, debe dedicar al menos cinco minutos para sanar con sus propias herramientas. En lo posible sea más creativo ya que a menudo en la curación mental es importante establecer vínculos con el paciente. Por lo general se debe animar a los pacientes diciéndoles que la energía que fluye a través de ellos los está sanando. Como se ha dicho en los capítulos anteriores, se debe imaginar que los pacientes responden mentalmente para que le informen donde se encuentran bloqueados o donde necesitan más energía. Esta conversación mental le ayudará a estar más unido con los pacientes. Cuando percibo con mayor intensidad esta sensación, mis chakras se abren aún más y la energía fluye con mayor facilidad. Como resultado los pacientes y el sanador mantendrán una relación armoniosa, sintiéndose libres de expresarse especialmente cuando se está trabajando con herramientas en el tejido enfermo del paciente.

Recargando el aura del paciente

Cuando termine de utilizar las herramientas y el área enferma luce completamente sana, visualice el cuerpo del paciente a unos seis pies (dos metros) enfrente de la pantalla. Respire profundamente y concéntrese para percibir a la energía fluir a través de sus manos. Visualice la energía que emana de sus manos llenando de luz el aura del paciente. Al momento de absorber la energía visualice al paciente sonriendo, con una cara feliz y completamente saludable. Mientras él esté sonriendo véalo absorber energía a través de la piel y siéntalo que revitalice a cada célula de su cuerpo. Continúe con esta técnica por dos ó tres minutos y libere los rayos de energía desde sus manos visualizándolas a los lados. Libere al paciente de la pantalla visual y respire profunda y relajadamente.

Recargándose con energía

A continuación cargue su cuerpo imaginando una gran oleada de energía fluyendo dentro de su chakra de corona. Perciba como fluye la energía recargando cada célula de su cuerpo y continúe recargándolo hasta que sienta que todos los chakras resplandecen.

El viaje de retorno a la conciencia interior comienza afirmando mentalmente lo siguiente: "Cada vez que me sano me vuelvo un canal mucho más poderoso de curación". Lentamente cuente de 1 a 5 y cuando se llegue al número 5, abra los ojos. Ahora se sentirá completamente despierto relajado y mucho mejor que antes.

La curación mental y el Dr. Simington

El Doctor Carl Simington y su esposa Stephanie son líderes en el campo de la medicina holística y han utilizando las técnicas de visualización y relajación en sus tratamientos en contra del cáncer desde los años 70s. Sus resultados han sido completamente comprobados por la comunidad médica. Debo resaltar la información sobre el elevado porcentaje de pacientes que han sobrevivido al cáncer, comparado con el promedio nacional de los Estados Unidos. Los siguientes resultados se obtuvieron con un grupo de pacientes que antes de ser tratados por el Dr. Simington fueron declarados como casos incurables por la comunidad médica tradicional. A ninguno de ellos se les daba más de un año de vida antes de comenzar el tratamiento con Simington. Estos pacientes fueron tratados por un mínimo de cuatro años (1974 a 1978). De los 159 pacientes cuyos datos fueron recolectados, 63 estaban vivos en el año de 1978. De ellos el 22.2 por ciento ó 14 pacientes no mostraron evidencia de la enfermedad. El 19.1 por ciento ó 12 pacientes mostraron que los tumores se habían reducido; el 27.1 por ciento ó 17 pacientes mostraron que el cáncer permanecía estable y finalmente el 31.8 por ciento ó 20 pacientes demostraron que el tumor había parado de crecer.

Una historia clínica

Este caso fue realmente un caso dramático que impresionó a Simington en el comienzo de su carrera. Sucedió en 1971 cuando un hombre que padecía un tipo de cáncer de garganta lo visitó para solicitar tratamiento. El se encontraba en una condición crítica y tenía muy pocas posibilidades de sobrevivir. Había perdido mucho peso y cuando llegó al tratamiento se encontraba extremadamente débil. Antes que el cáncer se desarrollara, él pesaba ciento treinta libras, pero debido a la enfermedad había perdido trienta y dos libras. El tenía dificultad para tragar su propia saliva y problemas respiratorios. Su diagnóstico era contundente; tenía un 5 por ciento de posibilidad de sobrevivir por más de 5 años. El paciente había sido tratado por un reconocido grupo de médicos y ninguno quería continuar con el tratamiento ya que no consideraban ético seguir con un caso que no tenía esperanza de curación. Los médicos creyeron que el tratamiento sólo haría la existencia del paciente más miserable y que éste no ayudaría en nada en su crítica condición.

El Dr. Simington comenzó el tratamiento explicándole al paciente que el éxito dependía en gran parte de su participación activa. Le explicó que él tenía el poder para influenciar el curso de la enfermedad y para eso idearon un programa de relajación, afirmación y visualización. Se le dijo al paciente que tres veces por día tenía que dedicar de cinco a quince minutos para la autocuración: cuando se levantara en la mañana, después del almuerzo y en la noche antes de irse a acostar.

Durante estos períodos se le instruyó para que permaneciera quieto y relajado. Se le dijo además que iniciara la relajación concentrándose en los músculos del cuerpo y reforzando mentalmente a cada grupo de músculos para que se relajaran. Apenas el paciente se encontró en el estado alfa-teta se ubicó y se relajó completamente. Después que retornó de su lugar de relajación se le pidió que visualizará su cáncer en cualquier forma.

Luego Simington instruyó al paciente para que visualizara el tratamiento de radiación al que él había sido sometido que consistía en que millones de pequeños proyectiles de energía bombardeaban las células cancerosas. Debido a que las células normales eran mucho más fuertes y saludables que las células cancerosas éstas no podrían ser destruidas por los proyectiles, pero las células cancerígenas si podían ser alcanzadas y por lo tanto morirían. En el último paso del tratamiento se le pidió al paciente que visualizara sus glóbulos blancos atacando a las células cancerígenas, reuniendo a las células muertas para expulsarlas al hígado y a los riñones en donde ellas podrían ser arrojadas por el propio cuerpo. Se le dijo también que viera como se reducía de tamaño el cáncer y en cada sesión de meditación el cáncer fue desapareciendo y el cuerpo retornó a la normalidad. Los resultados de combinar los tratamientos de radiación y visualización fueron más allá de lo esperado por Simington. El paciente se recuperó extraordinariamente y apenas mostraba un mínimo efecto del tratamiento de la radiación. A la mitad del tratamiento de autocuración la garganta había mejorado tanto que fue capaz de comer nuevamente. Además ganó peso y vigor y su apariencia general mejoró notablemente. Pero quizá lo más importante fue que su cáncer desapareció progresivamente.

El paciente continuó mejorando de manera rápida bajo supervisión médica y después de dos meses de haber comenzado el tratamiento no hubo más señales de cáncer. Su firme creencia que él mismo había influenciado el curso de la enfermedad se hizo más evidente cuando muy próximo al final del tratamiento le dijo a Simington que: "Doctor, al comienzo del tratamiento necesité de su ayuda para mejorarme pero ahora ya puedo curarme por mí mismo".

10

Diagnóstico para la curación y el aura

En capítulos anteriores se ha hablado de las partes que componen el "sistema de curación" y en particular de los chakras. Los chakras canalizan el prana desde los planos superiores hasta el aura humana. Además cada chakra canaliza diferentes frecuencias de prana dentro del aura de la persona y, como el espectro visual de la luz, está compuesto por frecuencias éstas se pueden descomponer en diferentes colores. Estos colores son visibles para el sanador experimentado y le dan a él un bosquejo del estado de la salud del paciente.

Las tres auras

Cada ser humano tiene tres auras: el aura espiritual, el mental y el etérico. La frecuencia más alta del prana se encuentra confinada en el aura espiritual, pero el prana se transmuta también al plano mental y es en esta forma de energía que aparece en el aura mental. La otra energía es transmutada mucho más allá hacia la energía etérica y esta energía junto a la del cuerpo físico es confinada al aura etérica.

El aura espiritual se extiende mucho más allá del cuerpo físico. Tiene un radio de aproximadamente veinticinco pies (ocho metros) en un cuerpo saludable. En su interior se encuentra el aura mental que está compuesta de energía del cuerpo mental. La energía que proviene del aura se extiende alrededor de ocho pies (dos y media metros) en un ser humano normal y refleja el estado mental de la persona. El aura final refleja la salud física y mental de la persona, siendo llamada el aura etérica. El aura etérica se extiende a aproximadamente ocho pulgadas (veinte cms.) sobre el cuerpo físico.

La curación se concentra principalmente en el aura etérica. Cuando se presenta alguna enfermedad, ya sea en el cuerpo etérico o físico, afecta el sistema energético y las frecuencias saludables son transformadas en frecuencias enfermas. A medida que hay cambios en las frecuencias, hay cambios en el color del aura etérica del paciente. El sanador ve como los colores primarios asociados a la buena salud, se transforman en colores oscuros, manchados o en tonos terrosos; grises, negros y todos aquellos que están asociados con enfermedad.

En la obra *The Power of the Rays*, S.G.J. Ouseley afirma: "El aura es la expresión del verdadero hombre...ella es la suma total de las fuerzas y emociones físicas, etéricas, astrales, mentales y espirituales. En otras palabras, el aura es una emanación aguda superfísica que rodea a la persona en forma de nube o niebla luminosa. La emanación áurica es la esencia de un estilo de vida que revela su carácter, emociones naturales, inteligencia, estado de salud y desarrollo espiritual".[45]

Examinando los colores y las características del aura del paciente, un sanador puede decir cual es la naturaleza y gravedad de la enfermedad pudiendo a la vez determinar qué clase de energía necesita el paciente para recuperar su salud y balance. Por esta razón el sanador puede proyectar la energía necesaria de curación con el color apropiado a su paciente. Hay tres maneras en la que un sanador puede ver el aura de sus pacientes: el sanador ve el aura desarrollando su visión áurica; sintiendo el aura a través de la palma de las manos y finalmente; el sanador la ve de una manera clarividente.

El aura y el Doctor Kilner

En el año de 1908 el científico inglés Walter J. Kilner, pionero en investigación científica en el aura humana, propuso la idea que el aura podría ser vista a través de una cortina pintada con una tintura apropiada. El experimentó con Diacinina, un derivado del alquitrán de hulla, que tiene un extraordinario efecto sobre la visión. También descubrió que esta substancia produce ceguera temporal cuando se mira rápidamente a una pantalla cubierta debido al efecto causado por la radiación ultravioleta. Por razones no establecidas, el incremento de la sensibilidad de la visión le permite a las personas ver el aura etérica con gran claridad. Kilner estipuló también que el aura era más visible cuando se matizaba la luz y por eso realizó los experimentos en cuartos semioscuros; descubrió también que un fondo negro mejoraba la visión del aura.

En años posteriores se descartó el uso de la pantalla ya que la ceguera temporal que era el factor importante del experimento, podía ser lograda enfocando los ojos más allá del objetivo hasta que la visión sale fuera de foco.

Cómo se percibe el aura

Investigaciones posteriores encontraron que existen cuatro condiciones esenciales para poder ver el aura etérica.Primero, el observador debe estar en el nivel alfa-teta. Segundo, el chakra del corazón tiene que estar abierto. Tercero, la habitación tiene que estar a oscuras y teniendo además un fondo oscuro detrás de la persona observada. Cuarto, el observador debe desenfocar los ojos pero no de una manera excesiva.

El aura es vista con facilidad alrededor de la cabeza, manos y pies. Inicie el ejercicio tratando de descubrir el aura en sus manos. Consiga un pedazo de cartón de tres pies de largo por dieciocho pulgadas de ancho (un metro por cuarenta cms.). Siéntese derecho con la espalda recta y respire en forma yógica. Continúe con esta respiración por dos ó tres minutos y luego inicie una corta meditación. Medite al menos diez minutos usando las técnicas que han sido vistas con anterioridad. De esta forma se llega al estado alta-teta. Es importante pensar en imágenes más que en palabras. Se le sugiere que después de haber contado en forma regresiva de 5 a 1 y de 10 a 1, relaje completamente el cuerpo y luego diríjase al santuario y permanezca allí por dos ó tres minutos. Cuando regrese afirme mentalmente: "Me encuentro perfectamente relajado mucho mejor que antes y soy capaz de ver el aura". Cuente de 1 a 5 y cuando abra los ojos mire más allá de sus manos, sobre la cartulina. Para obtener mejores resultados, las manos deben estar a tres pulgadas (ocho cms.) de distancia de la cartulina, con las palmas hacia arriba y con los dedos apuntando una enfrente de otra pero sin tocarse. Los dedos deben estar relajados y extendidos. Acto seguido se comienza a retirar lentamente las manos y los dedos haciendo que los ojos se desenfoquen con facilidad. Concéntrese en el chakra de corazón y comience a respirar desde él para que aparezca el aura entre sus dedos (vea la figura 5).

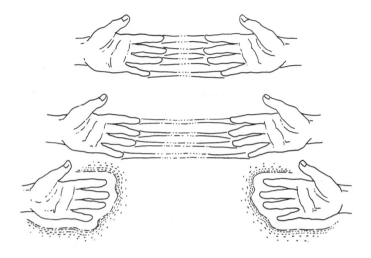

Figura 5: Percibir el aura

Al principio el aura aparecerá tenue, difícil de ver y parecerá como neblina que se está evaporando, pero si continúa con la relajación, dejándose ir y meditando pero sin concentrarse, el aura se volverá más brillante. A medida que aumente la brillantez, los colores comenzarán a aparecer. Cuando esto sucede las manos se extienden lentamente y verá a los canales de energía conectarse a los dedos. Estos canales se conectan al dedo correspondiente de la mano opuesta y continuarán unidos así hasta después de retirarse a más de seis u ocho pulgadas (dieciseis a dieciocho cms.) el uno al otro. Los canales se separarán del centro y se verá el aura rodeando cada mano separadamente. Cuando esta técnica haya sido progresivamente dominada le será más fácil a la persona ver los colores alrededor de las manos. El aura alrededor de la cabeza y cuello son las más fáciles de ver, ya que sólo necesita estar en el estado alfa-teta y tener abierto el chakra del corazón y un fondo negro u oscuro detrás de cualquier persona.

Cuando desee ver el aura de otra persona use uno de los métodos aprendidos en capítulos anteriores para lograr el estado alfa-teta. Luego desenfoque los ojos y mire más allá del sujeto sobre una superficie clara. El aura alrededor de la cabeza surgirá primero como niebla, luego con colores pero mostrando primero los colores oscuros y luego los más claros. El aura será similar a la aureola vista en los retratos de santos. Inmediatamente se haya dominado esta técnica, los colores áuricos se tornarán más brillantes que los colores en el mundo material.

Características del aura

Se ha descubierto que existe un asombroso número de colores en el aura humana. Hasta el momento se han catalogado 1.400 variaciones de azul, 1000 de rojo, 1400 de cafés, más de 800 tonos verdes, 550 de naranja, 360 de violeta y más de 12 variaciones de blanco. Existe un consenso general entre los investigadores que han estudiado el aura indicando que su forma es más o menos ovalada y que por lo general sigue las líneas del cuerpo físico, pero ésta puede tener diferentes formas. Las personas con mayor vitalidad tienen un aura más fuerte y en consecuencia se extiende mucho más allá del cuerpo físico. También la composición del aura varía en cada persona y la textura así como el color y el tamaño indican la disposición de la persona. La textura a menudo nos muestra la personalidad, mientras que la forma y colores denotan su vitalidad y condiciones emocionales.

Los colores áuricos

La siguiente es la lista de los colores principales encontrados en el aura humana y que indican todo lo relacionado con la salud mental y física de la persona. Se recomienda que estas características sean usadas simplemente como una guía inicial, ya que después se puede hacer una lista basada en sus propias observaciones.

Algunas veces en el interior del aura etérica hay una estrecha banda uniforme de color que rodea al cuerpo físico. Generalmente aparece de un color oscuro o descolorida, o aparece con un espacio entre el cuerpo físico y el aura etérica. Esta característica no aparece en todas las personas, pero en aquellas que la poseen no las afecta en forma negativa. Esta anomalía es llamada aura física.

El grupo rojo

De todos los colores que conforman el aura etérica, el grupo de colores rojos es el que tiene el nivel de vibración más bajo. Los rojos tienen una naturaleza dual: actúan de manera positiva cuando son brillantes y claros, ya que su aspecto es energetizante, cálido y excitante. El aspecto negativo está relacionado con formas de rebelión que conducen a la ira, la malicia, la destrucción y al odio. Cuando el rojo es muy intenso indica egoísmo y falta de nobleza. Un rojo profundo indica por lo general pasión, pero cuando se vuelve oscuro las pasiones se vuelven impuras y dañinas. El rojo con café indica temor, y cuando éste se torna oscuro o casi negro indica que hay malicia.

Cuando el rojo tiene un matiz amarillo significa que las emociones y deseos son descontrolados. El rojo tenue indica un temperamento nervioso, mientras que un rojo claro y brillante demuestra vitalidad, generosidad, y buena salud mental. Un rosado brillante denota un cariño filial y amor hogareño, mientras que el rojo que se vuelve rosado denota felicidad y ternura.

El grupo anaranjado

El anaranjado en su forma más clara indica la fuerza y la vitalidad. Cuando se vuelve rojizo significa que la persona es egocéntrica.

El grupo amarillo

El amarillo es el color del intelecto. El amarillo opaco, indica intelecto pero de una naturaleza mundana. Cuando se torna más brillante y casi dorado, indica que existe una elevación del intelecto y purificación a través del espíritu. El color amarillo oscuro indica destreza, codicia y egocentrismo.

El grupo verde

Verde es el color de la igualdad, es además el color del corazón. El verde esmeralda claro y brillante es el color de la curación. Una gran cantidad de verde esmeralda en el aura indica que la persona posee un interés general en el tema de la curación.

Verde es el color central del espectro de luz. Se encuentra en el medio de los dos extremos rojo y violeta y cuando vemos este color en una persona quiere decir que hay balance, armonía y flexibilidad. El verde claro indica armonía, paz interior y afinidad con la naturaleza. En su forma negativa el verde identifica a una persona extremadamente egoísta. Cuando se torna oscuro y manchado denota falsedad y avaricia; un verde con tonos cafés en el aura indica envidia.

El grupo azul

El color azul siempre ha estado asociado a sentimientos religiosos y al conocimiento intuitivo. Así como el verde está asociado con la curación y el corazón, el azul en su máxima forma está asociado con el tercer ojo, la inspiración y las formas superiores del intelecto. Es uno de los primeros colores que ve el sanador. Ouseley llama al azul "el color del cielo"[46] y lo asocia con las más altas aspiraciones espirituales y con el lado femenino de la naturaleza y la mente subjetiva e intuitiva. Cuando el azul se oscurece a un color azul añil se ve a una persona con un comportamiento devoto y un sentimiento religioso más profundo. Del lado negativo el azul que se torna café o negro demuestra una perversión de sentimientos religiosos, indicando una fascinación con el lado más oscuro de la espiritualidad.

El grupo violeta

El violeta que es una combinación de rojo y azul indica ideas espirituales y poderes más elevados. Aquellas personas que emanan violeta en su aura han avanzado más en su evolución espiritual. Es además el color de la realeza e indica nobleza de espíritu. El color violeta en el aura actúa como un aislador y purificador. En promedio no es un color común. Este color proviene de los reinos superiores y por esta razón esta aura es vista sólo de maestros y discípulos espirituales. Cuando el aura se torna lavanda significa que hay un alto grado de espiritualidad y de vitalidad. Finalmente cuando se vuelve color lila demuestra un carácter altruista y de compasión.

El violeta aparece primero por encima de la cabeza y parece como un ovoide sobre el chakra de corona. A medida que los discípulos adquieren más conocimiento el aura se va volviendo más violeta, llenando el aura entera con su luz.

El grupo café

El café es la combinación de todos los colores pero no es un color delimitado en el espectro. Algunos investigadores relacionan el color café con los negocios y la industria, llamándolo el color de los negocios. Pero se ha descubierto que este color influencia negativamente en el aura y se asocia con las enfermedades físicas. La mayoría de los sanadores asocian el color café con características negativas. En sus variadas tonalidades el café manifiesta avaricia, codicia y los más bajos instintos materiales. Sólo cuando el café tiende a ser dorado, sus vibraciones son más altas indicando que la persona es laboriosa, ordenada de carácter y de temperamento metódico.

Negro

El negro es la ausencia de la luz e indica oscuridad en cualquier nivel. La única excepción ocurre cuando aparece una banda negra que a menudo se ve entre el cuerpo físico y el aura etérica, en la llamada aura física. El negro cuando rodea el aura indica la negación de la vida misma. Cuando existen líneas negras que son vistas en un aura normal los efectos de las líneas son desafortunadas ya que neutralizan los buenos aspectos del aura.

El grupo gris

El gris es también un color negativo ya que indica una personalidad débil y convencional. El gris indica debilidad en el aspecto físico, mostrando falta de vitalidad que a menudo se encuentra asociado con enfermedades. Un gris muy oscuro indica miedo, confusión y a menudo una personalidad débil, pesada y lenta que incluso bordea la morbosidad. El color gris en el aura indica la mayoría de las veces una persona que no inspira confianza y que por lo general engaña.

Blanco

Finalmente llegamos al color blanco que es la síntesis de todos los colores, indicando una gran capacidad de integración y de unión. Es el color de la conciencia cristiana, es decir el *Yo soy*; es además el color de la perfección espiritual y se encuentra únicamente en aquellas personas que han logrado la unión y quienes han alcanzado el verdadero conocimiento.

Percibiendo el aura

Cada uno de nosotros tiene la capacidad de percibir y de ver el aura etérica. Esta es una técnica común de diagnóstico físico, ya que el aura dice mucho de una persona no sólo por su color sino por la forma y textura. El sanador pasa las palmas de las manos sobre el aura de los pacientes para recolectar información relacionada con la salud física y el bienestar emocional del paciente. El hecho de pasar las manos sobre el aura etérica es sólo una técnica y si las instrucciones se siguen correctamente se lograrán muy buenos resultados.

Para comenzar a practicar la técnica de cómo percibir el aura, se coloca al sujeto boca abajo. Es muy importante que el paciente se encuentre relajado y si él no medita o hace ejercicios espirituales, se le sugiere que practique la respiración yógica por dos ó tres minutos. Los cambios que ocurren en el aura del paciente son el resultado de fuertes sentimientos, alegría o ansiedad. Cuando esté relajado, ponga en práctica las técnicas aprendidas en los capítulos anteriores para llegar al nivel alfa-teta. Luego afirme mentalmente lo siguiente: "Me encuentro ahora en el nivel alfa y mis manos se están volviendo más sensitivas". Acto seguido pase tres veces las manos sobre el cuerpo del paciente comenzando en la cabeza y terminando en los pies. Estos pases pueden hacerse con las palmas de las manos abiertas y los dedos extendidos a una altura de ocho pulgadas (veinte cms.) de la cabeza del paciente. Es importante que las manos no toquen el cuerpo. Después del pase final, haga que el paciente cierre los ojos y coloque la mano más perceptiva a ocho pulgadas del corazón del paciente. Deje que la mano baje hasta que se encuentre algo de resistencia, haciendo estremecer la palma de la mano. Esta resistencia proviene de la superficie del aura del paciente, y a pesar de su característica líquida y porosa, tiene una superficie similar a la piel, por lo que es comparada con el agua a pesar de que ambas son diferentes pero pueden ser atravesadas con facilidad.

Examine el aura del paciente manteniendo la atención en las palmas de sus manos. Al acercarse al aura percibirá la energía de sus manos reflejada en el aura del sujeto. Cualquier cambio en el nivel de energía del aura es importante y hará que sus manos se hundan o se retiren del cuerpo del paciente. Un cambio súbito significa que hay problemas en el campo de la energía áurica y en el sistema de energía. Las diferencias en temperatura y las zonas frías y calientes deben ser tenidas en cuenta ya que ellas indican la presencia de enfermedades.

El aura debe ser firme, suave y con una temperatura uniforme. Cuando estas condiciones se alteran, las enfermedades son las responsables de estas variaciones. Después de registrar todas las impresiones de la parte frontal del paciente se voltea y se continúa con el procedimiento en la espalda. Al comienzo de la sesión asegúrese de obtener la estrecha colaboración del paciente. Con práctica se volverá más sensitivo y reconocerá las sensaciones asociadas con diferentes enfermedades y condiciones (vea la figura 6).

En lo posible tome nota de todas las experiencias, ya que cada enfermedad emana una vibración específica y si trabaja con delicadeza, se aprenderá a discernir sutilmente las diferentes clases de enfermedades.

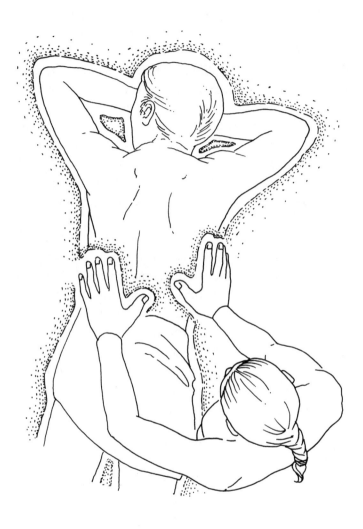

Figura 6: Percibiendo el aura

Viendo el aura con clarividencia

La tercera manera de ver el aura es por medio de la clarividencia. Esta técnica es la más usada por el autor y no tiene limitaciones para ser aplicada. Puede ser usada a cualquier hora o en cualquier lugar incluso si usted se encuentra o no con el paciente. La clarividencia puede ser usada con otras técnicas de diagnóstico físico y puede ser desarrollada por cualquier persona que esté trabajando como sanador.

Para ver el aura de forma clarividente, se comienza a respirar de la manera yógica. Use las técnicas aprendidas con anterioridad para llegar al nivel alfa-teta. Después de regresar de su santuario, afirme mentalmente lo siguiente: "Me encuentro en el nivel alfa sintiéndome mejor de lo que estaba antes". Luego visualice la pantalla visual a unos seis pies (dos metros) enfrente de usted y repita mentalmente el nombre del paciente, para que éste comience a aparecer en la pantalla. Inicia la exploración del cuerpo del paciente y concéntrese en las áreas que luzcan mal. Las zonas con problemas se resaltarán llamando la atención del sanador, por ejemplo si observa el aura alrededor de la cabeza y repentinamente el sanador se siente atraído hacia el cuello, con seguridad allí habrá algún problema. Tome su tiempo para examinar el aura alrededor del cuello y observe su color, textura y vigor. Diríjase hacia el cuerpo físico y verifique si existe alguna manifestación de enfermedad. Averigüe si la enfermedad en el aura ha sido transmutada al cuerpo físico, ya que en la mayoría de las enfermedades, como el cáncer o deficiencias cardíacas, es posible encontrar colores negativos en el aura, pero es probable también que no se encuentre la conexión física entre los problemas del aura y las manifestaciones del cuerpo físico. Si esto sucede, complete el proceso proyectando su conciencia sanadora dentro del cuerpo físico del paciente. Si hay una enfermedad cardiaca, se verán colores oscuros sobre el aura alrededor del pecho; pero hasta que no explore el cuerpo físico no se sabrá con exactitud la naturaleza de la enfermedad y su tratamiento y diagnóstico serán incompletos.

Símbolos y diagnóstico: una historia clínica

Aún cuando a veces es posible detectar los problemas en el aura del paciente, estos aparecen en forma simbólica en lugar de materializarse en el cuerpo físico. Este es un buen ejemplo: una vez me encontraba estudiando una historia clínica en compañía de una amiga. Ella escribió el nombre, la edad y la dirección de alguien quien ella conocía en la parte de afuera de un papel doblado. Dentro del papel ella había escrito todos los problemas físicos y psicológicos y como el papel estaba doblado, no pude ver lo que había escrito en él. Luego ella me pidió que meditara de la misma forma en que lo hago en estos casos. Después de guiarme de regreso a mi santuario, me informó el nombre, la edad y la dirección de aquella persona y de pronto la vi aparecer en mi "pantalla visual".

Inicié la inspección del cuerpo de una joven mujer, mirando primero su aura y luego su cuerpo físico. Descubrí que la paciente era rubia, con algo de sobrepeso con sus mejillas rozagantes y una gran sonrisa en su cara. Continué examinando y mirando su aura y el cuerpo físico (observé hasta sus hombros). De repente fui atraído por su abdomen. Lo que vi fue una hinchazón pero no había ningún problema alrededor de su aura. Cuando proyecté mi conciencia dentro de su abdomen vi una pelota de basketball. Mi sorpresa fue inmensa porque nunca antes había visto algo así. Primero creí que era un tumor pero no lo acepté porque la paciente se encontraba muy saludable y el aura alrededor del abdomen era brillante y emanaba colores naranjas y amarillos dorados y no colores relacionados con la enfermedad. Además la paciente se encontraba sonriendo y si yo tuviera un tumor de ese tamaño, no me reiría. Finalmente descubrí que había sido engañado ya que la mujer no estaba enferma sino que se encontraba embarazada; desde entonces la pelota de basketball se ha convertido en mi símbolo del embarazo.

A través de los años he descifrado otros símbolos (y siempre uso el diagnóstico áurico para conectarlos). Las venas varices siempre parecen como cuerdas, la anemia parece como sangre diluida, la artritis aparece como copos de nieve que descansan sobre los huesos y las úlceras son como volcanes en erupción. Sus símbolos pueden ser diferentes, pero a medida que va experimentando descubrirá nuevos significados que son de gran utilidad en los diagnósticos.

Percepción y diagnóstico

No solamente se pueden ver enfermedades en el aura sino que también se pueden percibir las enfermedades del paciente. La habilidad para hacerlo es llamada percepción y la mayoría de los sanadores y psíquicos la tienen. Es muy importante para los sanadores desarrollar esta técnica ya que es una facultad afín con la naturaleza del sanador. El cuerpo del sanador es un instrumento que registra las molestias del cuerpo de otra persona cuando logra armonizar con las vibraciones del paciente; es de esperarse que el sanador perciba también sensaciones inusuales en su propio cuerpo cuando se realice un diagnóstico; su sistema agudo de energía recibirá información, como sensaciones y molestias menores; estas molestias son temporales y no tienen un efecto duradero, ya que ellas son formas de comunicación psíquica que le ayudan a concentrarse y aprender a usarlas para diagnosticar.

Como se ve, el aura puede ser percibida utilizando la clarividencia, se puede sentir además con las palmas, y ser vista físicamente o sólo por ser percibida. Diagnosticar a través del aura es sólo parte de un diagnóstico psíquico y por eso cuando examine el cuerpo físico del paciente observe siempre su aura. Concéntrese en los cambios de color, textura y tamaño del aura del paciente. Use su visión áurica a través de la clarividencia y la percepción. Estos métodos son usados por la mayoría de los sanadores ya que ellos la utilizan y la combinan con el diagnóstico psíquico.

11

El chakra de la curación

El "sistema de energía" atrae la energía de los planos superiores al cuerpo físico. Cuando este sistema actúa como receptor de energía, está funcionando bajo sus condiciones femeninas y a su vez tiene una polarización negativa. Según la Filosofía Hermética, cada objeto en el universo es polar, es decir tiene su lado masculino y femenino y aspectos dogmáticos y receptivos. Hasta ahora hemos aprendido el lado femenino del sistema energético y como se comporta en su papel como receptor. El lado masculino es igual de importante para el sanador.

En este capítulo estudiaremos lo relacionado con el lado masculino del sistema energético. Aunque éste recibe la energía de curación de los planos superiores, es el sanador quien siendo receptivo, canaliza la energía a través de su sistema al paciente por medio de la parte asertiva o dogmática. En la curación espiritual, la naturaleza ambivalente del sistema energético puede integrarse a una técnica llamada "chakra de curación". Gracias a esta técnica el sanador recibe la energía de los planos superiores y la canaliza a través de sus chakras al paciente proyectando rayos de energía. En esta forma de curación la energía es proyectada de forma exclusiva desde el chakra y el tercer ojo. Esta energía puede ser proyectada en forma de rayos transparentes o rayos de colores. Los colores afinan la energía de sanación combinando sus vibraciones, dándole al paciente la dosis exacta de energía que él necesita. Aún cuando los rayos de energía se proyectan al paciente desde el chakra del corazón y el tercer ojo, es importante que mantenga todos los chakras abiertos durante el proceso de curación ya que el prana de todos ellos es transmutado en este proceso. Es también importante que mantenga el chakra de la corona abierto durante el proceso de curación ya que la energía más importante penetra su sistema de energía a través de este chakra.

Rayos de curación y emociones

Iniciaremos la curación por medio de chakras, proyectando la energía como rayos de luz transparentes, enviados con el color más apropiado para la curación. En la curación por medio de chakras el sanador trabaja en el nivel etérico. Por tal razón el estado emocional del sanador es muy importante. La energía etérica, canalizada a través del corazón y luego proyectada como rayos de energía, es percibida por el sanador como una sensación muy intensa. Estos sentimientos sirven como mecanismo de respuesta ya que de acuerdo a su naturaleza e intensidad le indicarán al sanador la fuerza de los rayos emanados hacia el paciente. Mientras más poderoso sea el rayo que fluye a través del chakra del corazón del sanador, mas serán los sentimientos de amor y compasión hacia el paciente. Una mayor cantidad de amor espiritual por parte del sanador, indicará una vibración superior de los rayos. El rayo de energía proyectado desde el tercer ojo, es una proyección de energía asertiva desde la mente intuitiva o inconsciente. Esta sensación es experimentada por el sanador con gran claridad y poder. Por eso mientras más energía se proyecte a través del tercer ojo, mayor será el poder y la voluntad de la curación y menor la distracción en el proceso de curación. Cuando el corazón y la mente inconsciente se encuentran trabajando juntos y los chakras permanecen abiertos y bien balanceados, el sanador tendrá éxito al proyectar la energía logrando un efecto beneficioso en el paciente. Edna St. Vincent Millay afirma:

> El corazón puede empujar el mar y la tierra
> muy lejos con cada mano
> El alma puede partir el cielo en dos
> y dejar que la imagen de Dios brille a través de ella.[47]

Proyectando los rayos de energía

Iniciemos la curación por medio de los chakras de la misma forma en que comenzamos la curación en ausencia: llegando al nivel alfa-teta. Encuentre una posición confortable con la espalda recta. Cierre los ojos y lleve a cabo los tres pasos de la respiración yógica. Continúe respirando de esta manera por tres ó cuatro minutos sin separar la inhalación de la exhalación. Mantenga la respiración hasta que se haga más profunda y rítmica. Cuente de atrás para adelante de 5 a 1 visualizando y repitiendo cada número tres veces; cuando llegue al número 1, respire profundamente y exhale afirmando en silencio: "Me encuentro en el nivel alfa sintiéndome mejor de lo que estaba antes".

Ahora respire profundamente de nuevo y cuente de atrás para adelante de 10 a 1. Respire profundamente cada vez que descienda de número. Cuando llegue al número 1, afirme mentalmente lo siguiente: "Cada vez que llego a este nivel mental aprendo a utilizar mi mente de manera más creativa". Después tome cinco minutos para relajar el cuerpo físico usando cualquier método aprendido con anterioridad. Cuando termine de relajar el cuerpo físico diga en silencio lo siguiente: "Mi cuerpo se encuentra completamente relajado y cada vez que llego a este estado mental aprendo a explorar niveles más profundos y saludables".

Visualícese en su santuario y permanezca allí por cinco minutos. Cuando regrese del santuario, respire profundamente y al exhalar visualice la pantalla mental que está ubicada a seis pies (dos metros) enfrente de usted y a treinta grados sobre la cabeza. Repita mentalmente el nombre del paciente e instantáneamente él aparecerá en la pantalla. Apenas el paciente se encuentre allí se abre el chakra del corazón y se mantiene abierto emanando sentimientos de amor, empatía y compasión. Esta operación puede realizarse con facilidad cuando el sanador se concentra, respira y coloca la mano correcta en el chakra del corazón. Ahora concéntrese en el sexto chakra y el tercer ojo. De esta forma los activará y percibirá un estremecimiento al momento de abrirse el chakra. Quizás notará una sensación de calidez proveniente de ellos. Estas son las condiciones que indican que el chakra se encuentra abierto y transmitiendo energía pránica a través de él.

El próximo paso es llevar su respiración hacia el tercer ojo y deje que el prana, junto con su respiración, active el chakra aún más. Las sensaciones en el chakra crecerán en intensidad. La sensación se incrementará tanto que se sentirá al rayo de energía surgir del chakra (este es uno de los rayos de curación más importantes en este proceso de curación). Enfoque su atención en el rayo similar a un rayo láser. Cuando esté preparado, proyecte el rayo de energía al paciente en la pantalla. Diríjalo a la parte del cuerpo que necesita ser sanada y sentirá como penetra en el cuerpo. Sienta como la energía va sanando. Vea al paciente recibir la energía con gratitud y a su vez relajarse para que el poder curador tenga su efecto. Recuerde que cuando se proyecta energía al paciente, él estará sintiendo el poder de curación en el nivel etérico, sin importar donde esté o que está haciendo (vea la figura 7).

Continúe enviando los rayos de curación desde el tercer ojo por tres ó cuatro minutos. Cuando esté seguro de haber realizado un buen trabajo, libere el rayo de energía del tercer ojo, respire profundamente y medite. Centre su atención en el chakra del corazón y actívelo mentalmente. Comenzará a sentir que a medida que se aplica el poder mental, la energía del cuarto chakra comienza a crecer. El cuarto chakra se sentirá también más cálido a medida que la energía lo hace más fuerte. Ahora concentre la respiración en el corazón y respire sin separar la inhalación de la exhalación. El prana y el aire activarán este proceso con mayor intensidad. En este momento se sentirán fuertes sentimientos de amor y compasión hacia el paciente. Esta sensación puede estar acompañada de impresiones luminosas y resplandecientes (todas estas son manifestaciones de prana). Hay que dejar que la energía del chakra de corazón se vuelvan tan fuerte que los rayos de energía fluyan a través de él. Sentirá una oleada de energía menos poderosa que la proyectada por el tercer ojo pero igualmente llena de amor y de poder. Percibirá las oleadas de energía que van de su chakra al paciente quien las absorberá con bienestar. El paciente lucirá sonriente y saludable a medida que la energía surge efecto. Continúe proyectando este rayo por tres ó cuatro minutos o hasta que usted esté completamente satisfecho.

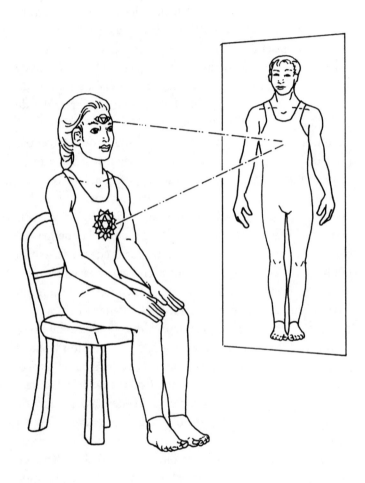

Figura 7: Proyectando rayos de energía

Proyectando rayos de energía

Los rayos de energía del cuarto y del sexto chakra pueden ser proyectados en forma separada, pero son mucho más poderosos cuando los dos se combinan y se proyectan al mismo tiempo al paciente. En el siguiente paso del proceso de curación por medio de chakras se combinarán los rayos de energía que provienen del cuarto chakra y del tercer ojo. Mientras se estén proyectando las emanaciones de energía desde el cuarto chakra hay que concentrarse en el tercer ojo. Concentrarse en dos puntos al mismo tiempo es fácil y su dominio requiere un poco de práctica y entrega total por parte del sanador. Cuando enfoque su atención en el tercer ojo, éste comenzará a vibrar. Respire profundamente y en unos momentos la energía del chakra se intensificará. Concéntrese en el chakra para que las emanaciones de energía se unan y sienta que los dos rayos de energía están siendo absorbidos por los tejidos enfermos del cuerpo del paciente. Continúe enviando estos dos rayos de energía por varios minutos o hasta que esté seguro de haber realizado la curación.

La curación habrá terminado cuando se transfieren completamente los rayos de energía del área enferma del cuerpo físico del paciente al aura etérica, que se va cubriendo con la energía combinada del tercer ojo y el chakra del corazón. Este procedimiento le tomará unos minutos para cubrir el aura con energía y vitalidad; el aura del paciente comenzará a resplandecer a medida que ésta se llene de prana. Después de uno ó dos minutos, sentirá que el paciente absorbe la energía a través de su piel y recarga completamente su cuerpo. Trabaje por dos ó tres minutos en el aura del paciente y cuando esté listo, libere el rayo de energía del chakra del corazón y deje emanar energía desde el tercer ojo. Ahora libere al paciente de la pantalla visual. Respire profundamente y relájese. En algunos minutos sentirá la energía fluir a través del chakra de la corona. Para que el sistema de energía se recargue tome un par de minutos hasta que sienta que los chakras están resplandeciendo. Cuando ellos se encuentren completamente reenergetizados se afirma mentalmente: "Cuando actúo como canal de curación, me curo y me convierto en un canal más efectivo para la curación". Regrese a la conciencia normal contando lentamente de 1 a 5. Cuando llegue al número 5, abra los ojos sintiéndose despierto y perfectamente relajado y mucho mejor que antes.

Curación con colores

Existe una gran variedad de técnicas que pueden ser utilizadas en la curación. Una de estas es la llamada curación por colores y se pueden utilizar cuando se hayan aprendido las técnicas anteriores. Este método es igual al de la curación por medio de chakras excepto en aquellas donde se combinan los dos rayos y ellos se proyectan en colores. Esta técnica le da al paciente la dosis necesaria de energía, acelerando además el proceso de curación.

Hay cuatro colores principales que utilizo en la curación de chakras: el amarillo, verde, azul y violeta. Estos colores tienen un mayor poder de curación pero los otros colores son también beneficiosos. Los colores secundarios —el naranja, rojo y rosado— pueden ser usados si el paciente rechaza los cuatro colores principales. Los colores que usted proyecte al paciente deberán ser claros y brillantes y nunca deben ser enviados opacos, oscuros o manchados. Como ya sabemos, los colores opacos y oscuros representan enfermedad y los colores brillantes representan la curación. No existen reglas que determinan cual es el color más beneficioso para cada paciente. Se debe tener confianza en la intuición y tratar a cada paciente en forma individual. Algunas veces el color apropiado aparecerá espontáneamente mientras se esté proyectando uno o dos rayos a la vez. Algunas veces el paciente le indicará cual es el color que necesita y si esto ocurre se deben seguir las instrucciones del paciente. Si se comienza a emanar un color en particular y el paciente ofrece resistencia y rechazo o no lo absorbe con facilidad, trate entonces de encontrar el color apropiado. El mejor momento para comenzar a sanar con colores es después que se han combinado la energía del tercer ojo y el chakra del corazón. Primero observe si el color de curación aparece espontáneamente; si esto no sucede, experimente con los cuatro colores primarios de curación; comience con el amarillo y cambie después al verde, luego al azul y finalmente al violeta. Cuando encuentre el mejor color utilícelo en el tratamiento.

Autocuración con colores

El color es de gran utilidad en la técnica de autocuración y puede ser usado de dos maneras. Si tiene un problema específico en su cuerpo, puede poner en práctica el tratamiento de colores y la visualización. Inicie la autocuración con las siguientes instrucciones: siéntese en posición confortable con la espalda recta y realice las tres etapas de la respiración yógica hasta sentirse relajado. Lentamente cuente de atrás para adelante de 5 a 1 y cuando llegue al número 1 afirme mentalmente: "Me encuentro en el nivel alfa sintiéndome mejor de lo que me sentía antes". Ahora ponga en práctica las técnicas que han sido aprendidas con anterioridad hasta llegar al estado alfa-teta.

Cuando llegue al estado alfa, concéntrese en el área afectada. Es importante hacerlo con los ojos abiertos y tratar de no parpadear hasta que se desenfoquen naturalmente. Esto le tomará sólo unos minutos (apenas los ojos se desenfoquen parpadee para evitar que los ojos se irriten). Ahora con los ojos completamente desenfocados visualice luz alrededor del área enferma. Comience con una luz clara y espere unos minutos hasta que la luz se convierta en uno de los colores de curación. Esto no durará mucho tiempo. Si los colores no aparecen no se desanime. Por el contrario comience a experimentar con diferentes colores hasta que aparezcan los que su cuerpo puede absorber fácilmente. No tendrá problema al visualizarlo, e incluso puede hacerse con los ojos abiertos siempre y cuando estén desenfocados y permanezca en el estado alfa-teta. Apenas haya visualizado el color apropiado y sienta que es absorbido, visualice el órgano o tejido enfermo captando la energía y sienta como las células la absorben también.

Continúe con este procedimiento hasta que sienta una sensación de mejoría en el área afectada. La respiración le ayudará a sentir como el tejido enfermo absorbe los rayos de energía en cada inhalación y exhalación. Percibirá también la energía de curación recargando las células. Al principio tomará cinco minutos para realizar este procedimiento, luego de dos a tres minutos para recargarse. Cuando haya completado el procedimiento afirme mentalmente: "Me encuentro saludable y en perfecto balance y armonía". Ahora regrese al nivel exterior de conciencia contando lentamente de 1 a 5. Al llegar al número 5, abra los ojos y se sentirá bien despierto, perfectamente relajado y mucho mejor que antes. Para obtener mejores resultados esta técnica se practicará al menos dos veces al día. Le tomará aproximadamente diez minutos llegar al nivel alfa-teta y por lo menos cinco minutos en la autocuración.

Autocuración directa con colores

Existe otro método que combina la técnica de la curación por medio del color, la visualización y la energía magnética que fluye a través de las manos. La energía positiva es una forma de energía asertiva que fluye a través de la mano derecha de todas las personas diestras. Esta emanación varía algunas veces en las personas zurdas ya que algunas veces la energía positiva proviene de la mano izquierda o derecha dependiendo de la mano dominante de cada persona. Para aquellas personas que son zurdas se comienza a sanar con la mano izquierda. Si esta técnica no funciona se cambia a la mano derecha. Para llevar a cavo esta técnica, coloque la carga masculina de la mano apropiada a unas dos pulgadas (cinco cms.) del área afectada permaneciendo en el aura etérica. Cierre los ojos y comience a realizar los tres pasos de la respiración yógica. Respire profundamente sin separar la inhalación de la exhalación.

Después de haber utilizado el método apropiado para llegar al nivel alfa-teta, concéntrese en la mano masculina y actívela mentalmente hasta que sienta que la palma cosquillea y la mano se calienta. Luego imagínese un rayo de energía que fluye de la palma hacia el área afectada. Comience a visualizar los rayos y espere a que cambien de color espontáneamente. Si el rayo no cambia después de unos minutos intente con diferentes colores hasta que encuentre el color apropiado. Visualice la parte enferma del cuerpo absorbiendo el rayo de energía proveniente de las manos; se sentirá absorber la energía percibiendo a la vez su efecto curativo.

Si se desea, puede continuar con esta técnica por 5 minutos o más. Cuando sienta que el procedimiento ha tenido un efecto curativo en el tejido afectado, retire la mano, respire profundo y afirme mentalmente: "Me estoy sanando y a cada momento me siento más saludable". Repita esta afirmación muchas veces. Le tomará unos minutos para recargar y disfrutar los efectos de la autocuración.

Cuando haya terminado de meditar afirme lo siguiente: "Me encuentro en perfecto estado de salud y perfecto balance y armonía". Regrese al nivel exterior de conciencia contando lentamente de 1 a 5 y cuando haya llegado al número 5 abra los ojos y se sentirá despierto, perfectamente relajado y mucho mejor que antes.

Recargando el aura con rayos de colores

Esta tercera forma de autocuración es de gran utilidad para aquellos problemas que afectan todo el cuerpo. Es especialmente beneficiosa en el tratamiento de problemas psicológicos y emocionales.

Ahora cierre los ojos y respire de la forma yógica. Cuente de atrás para adelante de 5 a 1 repitiendo y visualizando cada número tres veces. Cuando llegue al número 1 afirme mentalmente: "Me encuentro completamente relajado, sintiéndome mejor de lo que estaba antes".

Continúe con la respiración yógica para llegar al nivel alfateta usando las técnicas aprendidas en los otros capítulos. El proceso de curación se inicia repitiendo mentalmente esta afirmación: "Ahora soy un canal de curación y la energía está fluyendo a través de mi". Después visualice su pantalla visual a unos seis pies (dos metros) de distancia. Levante la mirada unos treinta grados, repita su nombre y verá su imagen aparecer en la pantalla. Permanezca en la pantalla con sentimientos de amor y compasión abriendo el chakra del corazón. Concéntrese en el tercer ojo y respirare hasta que sienta un rayo de energía fluir del tercer ojo para que cubra el aura (el aura de la pantalla) con energía. Concéntrese en el chakra del corazón y sienta una oleada de energía fluir a través de él. El chakra estará conectado con el rayo de energía del tercer ojo y los dos rayos cubrirán el aura con energía de curación. Después de un momento deténgase y observe si los rayos se tornan en los colores de curación; si esto no sucede trate de nuevo hasta que encuentre el color apropiado. Continúe enviando los rayos de colores por cinco minutos imaginándose que el aura está creciendo en la pantalla y volviéndose más brillante hasta que parezca como un huevo grande cubriendo la pantalla. Finalmente imagínese que está absorbiendo una gran cantidad de energía y vitalidad a través del aura y que ésta es transmitida a la piel y que cada célula se está recargando. Tome el tiempo que sea necesario para completar este proceso y véase en la pantalla completamente saludable y con una sonrisa radiante. El proceso se completará afirmando lo siguiente: "Estoy saludable, me encuentro en perfecto balance y armonía".

Ahora regrese del nivel exterior de conciencia y cuente de 1 a 5; cuando abra los ojos se sentirá despierto, relajado y mucho mejor que antes.

Empatía y autocuración

Como sabemos, en cualquier forma de curación es importante armonizar con el paciente. Esta armonía se logra cuando el sanador es capaz de percibir las sensaciones y los pensamientos del paciente como si fueran suyos. Es esencial que el sanador se aparte de su propio sufrimiento, para así poder armonizar con el paciente. Cultivar el desprendimiento material permitirá que el poder del Todo penetre en su cuerpo alcanzando de esta manera la autocuración, la armonía y balance en general. En las *Vedas* se afirma:

Dios siendo omnipotente
se oculta dentro de todo ser viviente
y es el alma de todas las cosas.
Dios es el maestro y ordenador de todas las acciones
y es testigo del Todo.
El es la causa de toda conciencia.
El no tiene títulos ni atributos.

El es único y el alma de un Todo,
de toda existencia individual
(relacionados ambos con la vida).
El cambia y siembra la semilla.
Para aquellos que perciben a Dios
en la parte más profunda del intelecto
se convierten en sus recibidores
de la eterna felicidad.
Nadie más puede lograrlo.
El no tiene ni parte ni acción.
El nunca se equivoca
ni se encuentra ligado a nada.
El es el puente hacia la libertad
y es la paz interior.
El es fuego sin combustible.
El no tiene ningún título
pero es radiante y brillante.
Tratar de acabar con la pena sin conocerlo,
es como intentar cubrir el firmamento
con un círculo.
(Esto significa que es imposible acabar con nuestra
pena sin conocerlo).[48]

12

Curación completa en ausencia

En este capítulo se usará la técnica de la curación en ausencia, la cual ha sido explicada en capítulos anteriores. Es importante tener en cuenta que para que se produzca una curación completa en ausencia, ésta se debe combinar con las otras técnicas de curación como son la afirmación, la visualización, el diagnóstico psíquico, el chakra de curación y los colores de curación.

Alcanzando el nivel alfa-teta

Para comenzar el proceso completo de curación en ausencia, ubíquese en una posición cómoda, ya sea sentado con la espalda recta o acostado. Cierre los ojos y comience a respirar de la forma yógica por dos ó tres minutos. Continúe respirando de esta forma y percibirá que la vibración interna (la cual indica que se encuentra en una actividad beta) se reduce. Cuando perciba un sentimiento de bienestar asociado con el nivel alfa-teta, comience a contar de atrás para adelante de 5 a 1. Cada vez que descienda de número, repita y visualice tres veces el mismo número; cuando llegue al número 1 afirme mental-mente lo siguiente: "Me encuentro completamente relajado y me siento mejor de lo que estaba antes".

Continúe con la respiración yógica y cuando esté listo, cuente de atrás para adelante de 10 a 1, exhale y pronuncie mentalmente el número 10....Respire nuevamente y mientras está exhalando, repita mentalmente el número 9....Luego res-pire y nuevamente mientras está exhalando repita el número 8....Continúe de esta forma hasta llegar al número 1. En este momento se sentirá ligero y despejado. Preste atención a los cambios en sus emociones y en su cuerpo. Ahora afirme lo siguiente: "Cada vez que alcanzo este nivel mental, aprendo a usar mis pensamientos de una forma más creativa".

Relajación del cuerpo físico

Para relajar el cuerpo físico por completo practique los ejer-cicios de yoga aprendidas en los capítulos anteriores. Liberar la tensión del cuerpo físico es importante, ya que garantiza el flujo constante de prana al sistema energético. Después inha-le y tensione los pies lo más que pueda. Mantenga la respira-ción por tres segundos. Ahora relaje sus pies. Repita el proce-dimiento anterior pero esta vez con las pantorrillas y rodillas. Llévelo a cavo también con los muslos, los glúteos, la pelvis, la parte superior del abdomen, el pecho, los hom-bros, el cuello, las manos y los brazos. Tensione los músculos de la cara por tres segundos. Exhale, abra la boca y saque la lengua para liberarlos de la tensión. Dilate los músculos faciales lo más que pueda y contenga la respiración por tres segundos para que se relajen. Finalmente se exhala. Para completar la relajación, el cuerpo entero se contrae por completo, tensione los músculos faciales mientras se contiene la respiración. Después de tres segundos el aire exhale con fuerza para liberar todos los músculos del cuerpo.

El santuario

Ahora se encuentra en el estado alfa–teta. Afirme mentalmente: "Me encuentro en el nivel alfa y cada vez que alcanzo este nivel mental, es mucho más fácil llegar a niveles más profundos y saludables". Dirija su mente hacia el santuario por cinco minutos ya que éste es el lugar por excelencia para la relajación.

La pantalla visual

Cuando regrese del santuario, afirme mentalmente lo siguiente "yo soy un canal para la curación y la energía de curación fluye a través de mí". Visualice la pantalla visual a unos seis pies (dos metros) de distancia y a unos treinta grados sobre la cabeza. Mire hacia la pantalla y repita mentalmente el nombre del paciente e instantáneamente él aparecerá en la pantalla. Conserve la imagen del paciente en la pantalla prestando atención al chakra del corazón, colocando la mano sobre él y respirando desde allí.

Diagnóstico psíquico

Una vez el paciente aparece en la pantalla, comience a explorar su cuerpo buscando problemas médicos. Deje que su intuición lo guíe y le indique las partes afectadas. Si siente una atención particular por una parte específica del cuerpo, examine el aura sobre el área afectada y verifique si existe algún problema observando su color, textura y forma. Si hay un problema con el aura, continúe con la observación del cuerpo y proyecte la conciencia en el órgano o tejido enfermo. Observe el área enferma para buscar tejidos con anormalidades. Hay que recordar que la empatía es un factor importante para ver completamente el problema del paciente. Termine su diagnóstico con un examen completo del aura y del cuerpo físico del paciente, observando si existe cualquier otra anormalidad. Si encuentra alguna, repita el proceso una vez más.

Chakra de la curación

Cuando complete el diagnóstico, respire profundamente hasta percibir que se alcanzan niveles más profundos. Mentalmente comience a hablar con el paciente para tranquilizarlo y relajarlo para hacerlo más receptivo a la energía de curación. Concéntrese en el tercer ojo para activarlo mentalmente. Cuando perciba que el chakra se encuentra vibrando, resplandeciendo y volviéndose más cálido, lleve la respiración hacia el tercer chakra y respire desde allí, haciendo que éste se active con mayor energía. Las sensaciones en el sexto chakra comenzarán a expandirse fuertemente haciendo que un rayo de energía surja de él. Cuando esto suceda, dirija el rayo de energía al área enferma del cuerpo del paciente sintiendo como absorbe la energía con mucha gratitud. Concéntrese en el tercer chakra y actívelo mentalmente. Cuando perciba que el chakra está vibrando, resplandeciendo y volviéndose más cálido, respire desde allí y deje que la mente y la respiración lo hagan más poderoso. La energía del chakra comenzará a crecer y a fortalecerse hasta que sienta una oleada de energía hacia el área afectada del cuerpo del paciente. Percibirá que la energía combinada de los dos chakras es absorbida por el paciente y que además es absorbida con gratitud.

Colores de curación

Una vez combinados los rayos de energía, espere a que ellos cambien de forma espontanea de un color claro a uno de los de colores de curación. Si no cambian al momento, experimente con uno de los colores primarios: amarillo, verde, azul o violeta. Si su paciente no absorbe uno de esos colores con facilidad, intente con los colores secundarios, naranja, rosado o rojo. Asegurarse que el color proyectado sea claro y brillante. Cuando encuentre el color apropiado, continué con la técnica del chakra y la del color de curación por 3 ó 4 minutos. Cuando sienta que los rayos han tenido efecto curativo, libere el rayo de energía desde el tercer ojo. Luego libere el rayo de energía del chakra del corazón.

Curación mental

Mantenga la imagen del paciente en la pantalla por un rato más con sentimientos de amor y compasión que fluyen a través de su corazón. Respire profundamente y siéntase profundizar en su mente. Concentre la respiración en el tercer chakra, es decir el plexo solar. La concentración junto con la respiración activarán el chakra percibiendo una vibración que lo está atravesando. La vibración se incrementará hasta que el chakra comience a sentirse más cálido y a vibrar con más fuerza. A medida que la vibración se vuelve más intensa, visualice un cordón que sale de su plexo solar hacia el plexo solar del paciente. Se sentirá atraído hacia el paciente y visualizará el cordón que se va haciendo más corto a medida en que los dos se acercan. Déjese llevar por completo hacia el cuerpo del paciente y luego afirme mentalmente lo siguiente: "Me encuentro allí en (nombre del tejido enfermo) listo para sanarlo". Inmediatamente después ubíquese detrás del tejido enfermo e imagínese que tiene un conjunto de herramientas con las cuales podrá sanarlo. Le tomará aproximadamente 5 minutos curar el área enferma con las herramientas. Cuando finalice, visualice el tejido en estado saludable y coloque mentalmente las manos, una opuesta a la otra, en el tejido enfermo y concéntrese en la carga masculina de la mano; apenas se haya activado la mano de manera mental se sentirá que se está calentando y comenzará a vibrar. Cuando esto suceda, percibirá que de la mano fluye la carga masculina y sentirá que la energía está siendo absorbida por el tejido enfermo. Le tomará un par de minutos para realizar este procedimiento y mentalmente le explicará al paciente que la cantidad de energía extra utilizada en la curación será proyectada al área que se encontraba enferma para mantenerla saludable.

Recargando el aura del paciente

Cuando esté satisfecho con la curación y el área enferma se haya tornado saludable, visualícese fuera del cuerpo del paciente a unos seis pies (dos metros) enfrente de la pantalla visual. Respire profundamente y sienta que llega a otros niveles de la mente. Respire y concéntrese desde el tercer ojo y actívelo hasta que un rayo de energía surja de él. Perciba como el rayo fluye desde su chakra hacia el aura del paciente. Realice el mismo procedimiento con el chakra del corazón hasta que surja un rayo de energía y se conecte con la energía que proviene del tercer ojo. Los dos rayos esparcirán energía hacia el aura del paciente y la recargarán para revitalizarla. Deje que los rayos de energía cambien y se vuelvan rayos de colores de curación. Aquí percibirá que el aura del paciente resplandece y se expande a medida que la energía de curación la inunda. Cuando el aura del paciente esté saturada con energía, percibirá que ésta fluye a través de él y sentirá que es irradiada a través de su cuerpo, sanando y revitalizando cada célula. Proyecte energía de esta forma por dos ó tres minutos hasta que se sienta completamente satisfecho. Cuando haya finalizado este procedimiento libere un rayo de energía desde el tercer ojo y desde el chakra del corazón. Finalmente visualice al paciente que se encuentra rodeado de luz, sonriendo, feliz, lleno de vitalidad y en perfecta salud y armonía.

Recargándose a usted mismo

Cuando haya terminado el procedimiento anterior, libere al paciente de la pantalla visual, respire profundo y afirme mentalmente lo siguiente: "Cada vez que actúo como canal de curación mi paciente no es el único que sana, sino que yo también me curo". Tome de dos a tres minutos para volver a recargar su sistema de energía. El sistema estará cargado cuando los chakras comiencen a resplandecer. Al principio percibirá que la sensación de resplandor es sólo en el chakra de corona y en el tercer ojo, pero a medida que se vaya volviendo más sensitivo a las diferentes frecuencias de energía del cuerpo percibirá que los otros chakras también vibran. Cuando se encuentre satisfecho estará completamente recargado y afirmará mentalmente lo siguiente: "Cada vez que envío energía de curación a otra persona me convierto en un poderoso canal para la curación". Cuente lentamente de 1 a 5 y cuando haya alcanzado el número 5 abra los ojos y se sentirá despierto, perfectamente relajado y mucho mejor de lo que estaba antes.

13

Preguntas sobre la curación en ausencia

A través de los años se han hecho muchas preguntas relacionadas con la curación en ausencia, por eso este capítulo tratará de despejar algunas dudas relacionadas con este tema. Las respuestas a estas preguntas están basadas en las experiencias del autor y no en doctrinas rígidas o teologías. Las respuestas serán subjetivas y al final su conciencia e intuición lo guiarán en el proceso de curación.

Curaciones múltiples

Pregunta 1: ¿Es buena idea curar a más de una persona durante la curación por medio de la meditación?

La respuesta a esta pregunta depende del sanador, del tiempo disponible para la curación y de su nivel de vitalidad.

La vitalidad depende de muchos factores: la habilidad del sanador para entregarse a la fuerza sanadora, su habilidad para almacenar prana y, por supuesto, su estado mental, emocional y buena salud. La única regla que se debe seguir es la de "nunca fatigarse". Si percibe que el proceso de curación le causa mucho esfuerzo y al final del día se encuentra fatigado y con falta de vitalidad, significa que ha hecho muchas sanaciones y por lo tanto tiene que descansar. Después de poco tiempo descubrirá que la capacidad de curación se habrá incrementado y que será capaz de sanar a muchos más pacientes en periodos más largos de tiempo.

Resistencia de los pacientes a la curación

Pregunta 2: ¿Es posible que el sanador cure sin consentimiento de la persona o a alguien que no quiere ser sanado?

Por lo general he trabajado con pacientes que intuitivamente creo que se beneficiarán con la curación espiritual. Esto significa que no siempre trabajo con todas las personas que vienen a consultarme. Es más, me es posible identificar a aquellos que no se beneficiarán con estas prácticas. Yo trabajo con personas que nunca me han pedido que las cure o que se resisten a creer en los buenos resultados. Mis decisiones son basadas en mi intuición y luego examinadas por mi conciencia. Cuando estos dos factores son aceptados trabajo con la persona y no descanso hasta lograr mis propósitos. La intuición y la conciencia son manifestaciones del propio ser, del *Yo soy* que se encuentra ligado directamente con Dios.

El apóstol Pablo fue un gran canal de curación y afirmó lo siguiente: "Nosotros somos una creación divina, creados en Cristo Jesús para realizar la misión que Dios nos ha ordenado; obrar como El".[49] Así como San Pablo, yo creo que Dios, el Todo, nos ha enviado con una misión específica. Esta misión sólo puede ser reconocida cuando se es consciente de ella. Esta misión sólo se alcanza cuando nos concentramos en ella y cuando seguimos la intuición. Dios es el sanador. El sabe quien y cuando será curado. Sólo prestando atención sabremos que pacientes ha escogido. Si percibe la intuición, existe la gran posibilidad de que su trabajo cure a una persona. Incluso si el paciente no quiere ser sanado, envíe de todas maneras la energía de curación; es probable que conscientemente el paciente no quiera ser sanado pero su inconsciente pedirá a gritos que lo sea.

La duración de una sesión de curación

Pregunta número 3: ¿Cuánto tiempo puede durar una sesión de curación?

No existe una duración específica de tiempo para realizar una curación en ausencia. Yo combino la técnica de curación en ausencia con la meditación y todo el proceso toma alrededor de cuarenta minutos. El tiempo puede diferir en cada sanador. En una meditación de cuarenta minutos se necesitan quince minutos en promedio para la curación real. Algunas veces tomo más o menos tiempo dependiendo de como me siento. En el capítulo "Imposición de manos" normalmente utilizo unos treinta minutos llevando a cavo la curación, pero he trabajado en menos tiempo cuando he hecho sanaciones en público o durante seminarios. Es importante recordar que el tiempo por sí solo no es el factor más importante en el proceso de curación. He observado casos en que las personas se curan inmediatamente algunos segundos después de haber sido tocadas por el sanador.

Cuanto tiempo le toma al paciente ser sanado

Pregunta 4: ¿Cuánto tiempo le toma al paciente sanar físicamente por completo?

El sanador nunca está seguro de cuánto tiempo le tomará hacer una curación física. La Filosofía Hermética nos ha enseñado que la curación es un proceso de transmutación de energía que proviene de los planos superiores con el fin de sanar, pero en muchos casos este proceso toma su tiempo. Puede suceder también que el cuerpo físico se retrasa en el proceso de transmutación de energía de curación y por lo tanto se demora para sanar. También la curación de los pensamientos y las emociones son por lo general un prerrequisito para la curación física. A pesar de que intentamos obtener resultados inmediatos, en muchos casos es irreal esperar una curación física cuando el cuerpo mental y etérico (emocional) del paciente está todavía enfermo. Muchos sanadores trabajan por largos períodos de tiempo con pacientes antes de obtener los resultados deseados. En una ocasión tuve esa clase de experiencia con un hombre que sufría de un serio problema ocular, debido a esto había perdido la visión periférica y había quedado con sólo visión de túnel. El paciente sufría de hemorragias en ambos ojos que le habían distorsionado aún más la visión y nadie en sus condiciones podría ser tratado por la medicina tradicional. El paciente tenía más de ochenta y dos años y a excepción de sus ojos él se encontraba completamente saludable. Antes de conocerme él no tenía ningún interés ni conocimiento relacionado con el tema de la curación espiritual; tampoco practicaba ninguna religión y yo era el primer sanador que había conocido en su vida. Empezamos a trabajar dos veces por semana y también lo incluí en mis meditaciones diarias. Al principio debido a la ansiedad, él tenía dificultades al recibir completamente la energía de curación que estaba siendo canalizada. En la mayoría de las ocasiones tuve que sobreponer obstáculos antes de que la energía de curación pudiera llegar a su destino. La proyección de color fue particularmente difícil así como el chakra de curación. La falta de receptividad del paciente había hecho que la visualización fuera difícil y sólo gracias a mi intuición seguí trabajando con él utilizando todas las técnicas para buscar cual era la más efectiva. Después del primer mes, lentamente las cosas comenzaron a cambiar. Los obstáculos del paciente comenzaron a ser debilitados y poco a poco las visualizaciones se volvieron más reales y prolongadas. Rápidamente comencé a sentir armonía entre los dos y en la quinta semana el paciente comenzó a aceptar algunos colores y la conexión entre los dos se volvió mucho más sólida, hasta el punto en que pude percibirlo por completo. Después de seis semanas de trabajar, ninguno de los dos podía percibir cambio alguno en su condición física. Sin embargo el paciente no se desanimó por la falta situación e incluso sin ver ningún resultado decidió continuar con el proceso. A las seis semanas de tratamiento el paciente visitó al doctor para su examen semestral y para su asombro el doctor le dijo que su visión había mejorado. En este punto el paciente se animó para continuar con el tratamiento con mayor entusiasmo y después de una semana él comenzó a experimentar un cambio en la visión. Al principio la mejoría era sólo por unas horas pero hacia el final de la séptima semana de tratamiento, la mejoría de la visión se prolongó y la distorsión de la visión comenzó a desaparecer. El paciente regresó donde el doctor y al final de la octava semana se le confirmó que había tenido un notable cambio en la visión. La distorsión y la hemorragia habían comenzado a desaparecer y por primera vez en meses el paciente comenzó a leer nuevamente, al principio con gafas y luego sin ellas. Sus viejas actividades volvieron a ser parte de su vida diaria, leer, ver la televisor, jugar cartas. Entre la sexta y la décima semana del tratamiento su doctor estimó que había recuperado alrededor del 80 por ciento de la visión.

Es sabido que el Conde de Sandiwch tenía el poder de la curación y que trabajaba por largos periodos de tiempo con sus pacientes. Archibald Holms en su libro *The Facts of Psychic Science* afirma que en 1908 el Conde descubrió su habilidad para sanar: "El Conde Sandwich nunca hizo curas milagrosas, sin embargo fue extremadamente exitoso en tratamientos en contra del dolor y a pesar de que la enfermedad quizás no era curada, el dolor en muchos casos no regresó. El Conde curó a muchos pobres y menesterosos; su tratamiento era a menudo tan largo y de autosacrificio que algunas veces vio sufrir por días e incluso por años a los pacientes".[50]

Los mejores momentos para la curación

Pregunta 5: ¿Cuándo es el mejor momento para curar?

No hay ninguna respuesta que pueda ser usada en todas las condiciones y circunstancias. Cada persona tiene un estilo de vida diferente que tiene que ser tenido en cuenta. Por supuesto se recomienda que el sanador trabaje cuando esté relajado y no tenga ninguna presión mental. Tampoco es buena idea trabajar cuando se encuentre ocupado o somnoliento. Usualmente recomiendo a mis estudiantes que practiquen la curación en ausencia en las tardes después de que se ha salido del trabajo. Si su horario lo permite, trabaje por las mañanas. Es importante recordar que mientras más se trabaje en un paciente será mucho mejor para su proceso de curación. La Biblia apoya esto cuando nos dice que: "La petición más fervorosa del hombre será escuchada".[51]

Finalmente hago notar a mis estudiantes que aún cuando ellos llevan a cavo curación por meditación dos veces por día, esto no significa que ellos no pueden realizar la curación en ausencia mientras están comprometidos en otras actividades. Quizás su mente consciente está enfocada en otra situación, pero aún así puede enviar energía de curación a alguien que lo necesite a través de la mente inconsciente. Esto se puede hacer cada vez que se quiera; si mientras camina por la calle ve a alguien sufriendo, puede enviarle energía de curación; en el trabajo puede realizar lo mismo. No importa que tan ocupado esté; es posible estar conscientemente activo y a su vez proyectar energía de curación. Simplemente llegue al nivel alfa-teta. La manera más rápida de alcanzar este nivel es afirmando que se encuentra allí e inmediatamente la energía le llegará. Luego concéntrese en el cuarto y el sexto chakra y perciba rayos de curación fluyendo hacia el paciente. Apenas se haya establecido una armonía, aplique las técnicas de visualización y afirmación. Con un poco de práctica será capaz de sanar a cualquier hora y en cualquier lugar.

14

La imposición de manos

través de la historia se han realizado curaciones espirituales utilizando la técnica de "la imposición de manos". A menudo esta técnica ha sido usada en combinación con otras técnicas como la unción de aceites, ropa magnética, algodón, agua y otras sustancias naturales. Algunas veces el contacto directo era hecho con saliva y arcilla como se describe en el Nuevo Testamento: "...y cuando Jesús caminaba, de repente vio a un ciego de nacimiento...Jesús escupió en la tierra e hizo barro de su saliva, la tomó y la untó en los ojos del ciego; Jesús le dijo: Ve, lávate en las aguas de Siloam...el ciego lo hizo y regresó viendo".[52]

Algunas veces la curación es hecha de manera directa cuando el sanador toca el cuerpo físico del paciente. Otras veces en la técnica de imposición de manos el sanador trabaja sólo con el aura etérica del paciente sin realizar ningún contacto físico. Muchas veces es el sanador quien toca pero no es siempre así. El paciente puede iniciar el proceso de curación tocando al sanador o simplemente acercándose al campo del aura etérica.

El Nuevo Testamento lo ilustra perfectamente: "...la mujer quien había padecido de una terrible hemorragia por doce años, gastó todo lo que tenía para curarse pero nunca mejoró; por el contrario cada vez empeoraba. Un día escuchó hablar a Jesús y caminó en medio de la multitud y le tocó sus ropas. Al tocar su ropaje se convirtió en un Todo, e inmediatamente la fuente de emanación de su sangre comenzó a secarse y sintió que su cuerpo estaba siendo sanado de la plaga...Jesús volteó hacia la multitud, la miró y le dijo: Hija tu fe me hizo parte del Todo; ve en paz y huirás de la peste".[53]

Historia de la curación por la imposición de manos

"La imposición de manos" es el método preferido de la gran mayoría de los sanadores. Este método ha sido llamado "el tacto del rey" y fue popular en la edad media en Francia e Inglaterra. Es sabido que los emperadores romanos Vespasiano y Adriano tenían este don e incluso el rey noruego Olaf quien fue considerado en su tiempo como un santo. San Patricio también era capaz de curar usando sólo sus manos. La historia dice que él curó a ciegos en Irlanda colocando sus manos en los ojos de los enfermos. Los primeros griegos tenían conocimiento de estas prácticas; Hipócrates afirmó: "Muchos doctores experimentados dicen que el calor que fluye suavemente a través de las manos y es aplicado a la zona enferma, hace que ésta se vuelva saludable y mitigue el dolor rápidamente".[54]

En el antiguo Egipto la técnica de la imposición de manos era una práctica dominada por los sacerdotes de los templos. Fue intensamente practicada en el templo de Isis, Osiris y Serapis y se han hallado pruebas de curación directa en los sarcófagos, en la joyería y en los murales. Estas prácticas fueron heredadas de los primeros Herméticos quienes la ejercieron como parte de cultos misteriosos. Hoy en día podemos apreciar la imposición de manos como una técnica de curación utilizada por los Rosacruz y los Masones quienes han heredado estas técnicas de los egipcios. Su universalidad y antigüedad son indiscutibles. Las prácticas se remontan a más de 15.000 años de antigüedad y se han descubierto evidencias en restos de murales en cavernas del Neolítico en los Pirineos. La curación por contacto directo o lo que se llama curación por imposición de manos parece ser una práctica humana universal. Esta técnica nunca ha sido confinada a un sector o región, o a ningún grupo religioso. Ha sido practicado en India, en la antigua China, Caldea así como en Occidente, incluso antes de Cristo. Esta técnica floreció en la Edad Media dentro y fuera de la iglesia Ortodoxa y hoy en día ha sido practicada por shamanes y brujos a través del tercer mundo. En Occidente, con el comienzo de la Revolución Industrial, la curación por imposición de manos cayó en el olvido. También pequeños grupos como los Teosofistas y los Pentecostales han mantenido viva esta tradición. La curación ha continuado aumentando en estas y otras sectas y aveces se extiende hacia la población en general.

¿Quién puede realizar la curación por la imposición de manos?

Cualquier persona con un deseo sincero y un interés puede usar sus manos y su mente para la curación. El interesado no tiene que hacer parte de una organización, culto o doctrina en particular. El único prerrequisito es una sincera preocupación y empatía por la salud y felicidad de los demás. El conocimiento es importante pero la experiencia es la mejor maestra. Haga un análisis cuidadoso de su salud mental y física y mientras crea que no existe ningún impedimento, podrá ayudar a los demás practicando directamente la curación. En una oportunidad una mujer que practicaba en un grupo de curación preguntó a Edgar Cayce: "Por favor clarifique nuestras mentes en cuanto a los métodos y las maneras que utilizamos para ayudar a otras personas". Su respuesta fue difusa, pero esta cita es la esencia de esta réplica: "...usa lo que tengas en las manos día a día. El conocimiento y el entendimiento llegarán con la experiencia, la cual hace que el conocimiento esté de acuerdo con la voluntad del sanador".[55]

Nunca se desanime

Muchas personas que sufren de enfermedades físicas se desaniman al trabajar con otras siendo esto muy desafortunado. Esta cita es tomada de *The Life of St. Agustine* e ilustra el por qué de esta situación. El biógrafo Posidius narra una de las últimas experiencias de San Agustín antes de su muerte cuando padecía de una enfermedad: "Un hombre enfermo le pidió a Agustín que colocara las manos sobre él para que lo curara. Agustín respondió que si él tuviera este poder seguramente ya lo había aplicado a sí mismo. El visitante replicó que había tenido sueños y visiones donde escuchaba que alguien le decía: 'Ve donde el Obispo Agustín y él colocará sus manos sobre ti y te curará'. Agustín lo hizo e inmediatamente la enfermedad del hombre comenzó a desaparecer".[56]

Actitudes y el medio ambiente

Se ha mencionado con anterioridad que la fe es un ingrediente esencial en el proceso de curación, pero la fe no hay que entenderla sólo como la fe del sanador. La fe del paciente hace que el proceso de curación tenga éxito. Cada vez que el sanador sana, tiene que hacerlo con esta verdad en su mente. En la curación directa el sanador hace contacto personal con el paciente. Como resultado, él debe hacer todo lo posible para ganar la confianza del paciente durante toto el proceso de curación.

El sanador debe tener confianza en sí mismo y debe inspirar confianza en sus pacientes; la arrogancia, el orgullo y el egoísmo no tienen cabida en la curación. Recuerde que en la curación usted es un instrumento con una misión sagrada.

Cuando conoce al paciente por primera vez, ofrézcale amor y la seguridad que será curado. Infunda sentimientos de coraje, aliéntelo a que persevere a pesar de que al principio no haya indicios de mejoría. He encontrado en la mayoría de los casos que un mejoramiento notable a menudo toma cierto tiempo. Recuerde al paciente que él ha venido en busca de ayuda y que debe creer en ella. Alimente su esperanza de su curación final.

La curación directa debe ser practicada en un ambiente sereno, relajado y sin interrupciones. Tome su tiempo para explicar al paciente las técnicas que serán usadas y escuche atentamente todas sus preguntas y preocupaciones. Recuerde que usted es una conexión directa entre la salud y el estado mental y físico del paciente y es totalmente responsable por su bienestar durante el proceso de curación. Cuando el paciente esté completamente relajado, explíquele de una manera simple que clases de técnicas serán usadas y como lo afectarán. Ninguno de estos pasos puede ser omitido.

Preparando al paciente

Por lo general en la primera visita le pregunto al paciente qué sabe acerca de la curación espiritual. Un 20 por ciento de los pacientes tienen alguna idea de esta práctica, de la homeopatía o la medicina holística. Sin embargo, para la mayoría de las personas la curación espiritual es un área completamente desconocida. Casi todas las personas han crecido en un ambiente intelectual y racional de costumbres occidentales y han sido educadas desde la niñez para creer sólo en lo que ven. El concepto de enfermedad y de responsabilidad a menudo difieren con los conceptos de metafísica y de curación espiritual. De la manera respetuosa explique al paciente que la curación espiritual no es un tema de controversia y no se opone a la medicina moderna. Por el contrario, es parte esencial de ella.

Preparándose para una curación directa

Antes de hacer contacto directo con el paciente asegúrese de estar en un nivel mental correcto para ser un canal efectivo de curación. Respire de la forma yógica y repita mentalmente las afirmaciones que lo llevan al nivel alfa. Una vez en este nivel afirme mentalmente lo siguiente: "Yo soy un canal para la curación y la energía de curación viene a través de mí". Aveces es importante repetir esta afirmación muchas veces. Ahora coloque las manos sobre la sien del paciente. Comience y termine la sesión de curación en la cabeza del paciente.

La curación por vibración en la cabeza tomará unos 5 minutos. Luego trabaje en el área enferma del cuerpo por 15 minutos utilizando la misma clase de curación: la vibración, la polarización y curación empática. A menudo esta técnica se combina con movimientos de manos y técnicas de curación en ausencia. Después se regresa a la cabeza del paciente por cinco minutos combinando las técnicas de curación para completar la sesión.

La importancia de la vibración en la curación

El tercer axioma hermético nos da las bases metafísicas para la curación por vibración. Este nos dice: "Nada descansa, todo se encuentra en movimiento y todo vibra".[57]

Muchos sanadores son conscientes de que la curación por vibraciones recorre el cuerpo etérico del paciente, este fenómeno ha sido llamado energía pránica de vibración. El paciente percibirá esta sensación siempre y cuando el sanador se encuentre en el estado alfa-teta ya que este estado se incrementa cuando se sana directamente.

La vibración es importante en la curación ya que su fuerza central pránica se encuentra directamente relacionada con la cantidad de prana que fluye a través del sistema de energía del sanador y determina la cantidad de energía que el sanador tiene disponible para la curación directa. Se ha observado que los practicantes de estas técnicas de curación tienen auras mucho más claras, brillantes y extensas que antes que comenzaran a utilizar esta técnica. También hay cambios de color en su aura desde tonos rojos y amarillos a verdes y azules. Algunos estudiantes han manifestado que mientras están sanando con vibraciones se sienten desorientados y sus chakras comienzan a vibrar. Otros reportan que el aura se incrementa o se torna mucho más cálida, sienten quemarse o la cabeza se agranda a medida que alcanzan el estado de vibración.

El estado vibratorio incrementado por los niveles de energía facilita la habilidad del sanador para visualizar. La mente del sanador se libera de voces inútiles a medida que se va alcanzando la vibración. El sanador que ha alcanzado el grado de vibración trabaja más fácil con el chakra del corazón porque ahora está "pensando con el corazón". La Biblia nos dice: "El amor divino es derramado desde el corazón hacia el universo"[58] y es a través del corazón que la fuerza de curación se manifiesta de una manera más poderosa. Los pensamientos del corazón son motivados por el amor, la compasión y por el deseo sincero de ver a otra persona saludable y feliz. Esto sólo puede ser logrado cuando el sanador ha desarrollado su capacidad mental en un nivel superior y desde allí irradiará su carisma de curación en forma continua como en "ríos de agua viviente".[59]

De las tres clases de curación directa, la curación por vibraciones es la que tiene los efectos más inmediatos sobre el paciente. Tan pronto como el sanador alcanza el nivel de vibración, el paciente percibirá que la energía fluye a través de él siendo esta sensación acompañada de estremecimiento en las vibraciones del cuerpo. Experimentará inmediatamente una recuperación y bienestar.

Alcanzando el nivel de vibración

El sanador puede alcanzar rápidamente el nivel de curación por vibración practicando los siguientes ejercicios de respiración. La técnica es similar a la de la respiración yógica. Una vez coloque las manos sobre la sien del paciente, respire profundamente sin separar la inhalación de la exhalación. El sanador meditará en los ritmos de su propio cuerpo y dejará que éstos se relacionen con los ritmos de la respiración. Este proceso durará tan sólo dos ó tres minutos. Es importante "pensar" desde el corazón ya que incrementará los ritmos inconscientes del cuerpo físico y del sistema de energía haciéndolos caer dentro de los niveles del inconsciente. Hay que dejar que los ritmos interiores se dirijan hacia la respiración haciendo que el sanador se concentre en las manos. La respiración será un poco forzada y la exhalación e inhalación permanecerán separadas hasta que las manos vibren y se calienten.

Después de un lapso que oscila entre treinta segundos a cinco minutos, dependiendo de la práctica del sanador, comenzará a percibir una inmensa sensación de compasión hacia el paciente. Las manos del sanador vibrarán con tanta fuerza que incluso sin haber respirado de la forma especial continuarán vibrando. Después que la vibración se vuelva más autosostenida el sanador comienza a respirar normalmente y deja que la mente inconsciente vague mientras se concentra en las manos. La vibración en las manos disminuirá después del primer o del segundo minuto, pero se activará una vibración mucho más profunda e importante (la vibración central pránica) que será identificada rápidamente en el área del pecho o en cualquier lugar de la parte central del cuerpo. La vibración será más aguda que las vibraciones de las manos.

Si el sanador se concentra percibirá que la vibración pránica central se incrementa y sentirá que la energía es irradiada a través del cuerpo entero. La vibración inicial desaparecerá tan pronto como la respiración regresa al estado normal. La vibración pránica central por el contrario continuará mientras se permanezca concentrado. Esta vibración se encuentra directamente relacionada con los "pensamientos del corazón" y a pesar de que la vibración inicial tiene efectos curativos su principal función es iniciar la segunda vibración.

No hay que concentrarse en la segunda vibración, ya que si se hace la curación se interrumpirá. Continúe pensando desde el corazón. Después de un rato la vibración central pránica se moverá a las manos y ellas comenzarán a vibrar nuevamente. Cuando esto sucede las manos del sanador se ponen en la cabeza del paciente por no más de dos minutos y luego se colocan en la zona afectada; no hay que hacerlo rápidamente. Continúe pensando desde el corazón incluso cuando se está cambiando de posición. Apenas se haya cambiado de posición se colocan las manos a los lados del área afectada (es importante recordar que las manos tienen que permanecer alejadas) y se continúa sanando con esta técnica por tres ó cuatro minutos dejando que el corazón sea una guía para permitir que la vibración fluya a través del sistema de energía del paciente. Otras técnicas de curación aparecerán espontáneamente durante la curación por vibración. Esto no interferirá con la vibración y además se recomienda utilizarla en la curación mental, curación de chakra y la curación por colores al igual que la curación por vibración, especialmente cuando se encuentra trabajando en el área enferma del cuerpo del paciente. Si ninguna de estas técnicas aparece espontáneamente hay que programarlas. Es importante recordar que la programación es hecha sin ningún esfuerzo y que no habrá ningún problema en mantener la vibración pránica central durante la programación. La mente inconsciente estará aplicando todavía su atención la cual estará unida a la concentración en el proceso de curación. La conexión amorosa se mantendrá con el paciente en la medida en que se esté pensando desde el corazón. Este punto se regresará a la cabeza del paciente y se sanará desde allí por otros cuatro ó cinco minutos. Luego podrá retornar a su estado normal de conciencia usando las técnicas que han sido aprendidas en la "curación en ausencia", o se continuará trabajando en el área enferma usando la siguiente técnica o las que se describirán en los próximos capítulos.

Vibración y toque

La curación por medio de vibraciones se hace siempre aplicando contacto directo con el cuerpo del paciente. Sin embargo existe una variación que puede ser usada mientras se trabaja en el aura etérica del cuerpo del paciente. Esta técnica está conformada por movimientos de frotación que pueden ser hechos por las manos. Se ha descubierto que la manera más efectiva de usar esta técnica de "toque" de manos es después de la vibración inicial la cual ha sido disipada y después que se termina de trabajar en el área enferma.

La técnica de toque puede ser hecha de diferentes maneras sin importar cómo se utilicen las manos. Lo esencial es el de mantener los "pensamientos" del corazón y enfocar la energía que va de las manos hacia el área apropiada del cuerpo del paciente; el toque es iniciado cuando el sanador levanta las manos del cuerpo del paciente y percibe el aura etérica que se encuentra sobre dos ó tres pulgadas (cinco ó siete cms.) del cuerpo físico; entonces con las manos extendidas y los dedos uno en frente del otro hace que una gran cantidad de fluido de energía pase a través de todo el cuerpo del paciente desde los pies a la cabeza. Es probable que el sanador se levante para hacer esto pero es importante que mantenga la respiración mientras se están realizando los pases y termina de inhalar cuando se han completado los toques sobre los pies del paciente.

Se pueden hacer siete toques en esta técnica y cuando se hayan completado se puedan retirar las manos del paciente con el objetivo de remover cualquier señal de negatividad que pueda haber sido recogida a través del aura. Al terminar se regresa a la posición original en la cabeza del paciente.

Recargando el aura del paciente

Cuando se hayan terminado los siete toques se retorna a la cabeza y se colocan en la sien nuevamente las manos opuestas la una de la otra. Se toma un par de minutos para llenar mentalmente el aura del paciente con rayos de energía del chakra del corazón y del tercer ojo. Se continúa con la combinación usada en el chakra de curación y la vibración por curación hasta que el aura del paciente comience a arder de energía y vitalidad. Sienta al paciente absorber la energía a través de cada célula del cuerpo. Visualizará al paciente feliz, saludable y sonriendo radiantemente. Cuando se haya finalizado esta sesión se retirarán las manos de la cabeza del paciente pidiéndole que permanezca donde está con los ojos cerrados. Se le explica además que él es parte activa del proceso de curación. El se debe mantener reposado, relajado y absorbiendo la energía de curación. Mientras el paciente permanezca reposado se tomará un momento para recargar el chakra de la misma manera en que se hizo la curación en ausencia. El sanador afirma mentalmente lo siguiente: "cada vez que actúo en una curación directa mi paciente no es el único que sana sino que yo también me sano".

Se regresa a la conciencia normal contando lentamente de atrás para adelante de 1 a 5; cuando se llega al número 5 se abren los ojos y se despierta perfectamente relajado y mucho mejor de lo que estaba antes.

Purificación

Al momento que los chakras estén completamente recargados la purificación puede ser hecha para remover la energía negativa residual que ha sido recogida mientras se realiza la técnica de imposición de manos; esta purificación es hecha cuando se sumerjen tres veces las manos en agua fría. Después de cada inmersión las manos se mueven un poco dentro del agua y se afirma mentalmente lo siguiente: "La negatividad no tiene efecto sobre mi en ningún nivel".

Al final de la tercera inmersión las manos del sanador sentirán un poco la vibración y surgirá entonces una luz agradable que será percibida por él. No debe quedar ningún rastro de negatividad en las manos del sanador o en cualquier parte del cuerpo una vez la purificación haya terminado.

Después de terminar la curación

Después de la purificación pídale al paciente que retorne a la posición sentada. Dele algún tiempo para que hable de la experiencia anterior. Es importante recordar que cualquier experiencia inusual indica que la energía de curación lo ha afectado. Aliente al paciente para que diga si percibe algo inusual durante la curación. Si no ha sido curado de inmediato, explíquele que la curación es proceso progresivo y tendrá que esperar a que la energía sea transmutada desde el sistema de energía hacia el cuerpo físico.

La reacción del sanador

A menudo al sanador se le pregunta como se siente después de la curación; la respuesta es simple. Si el sanador permanece separado manteniendo su ego fuera del proceso de curación, se sentirá animado y relajado; desde luego percibirá los efectos residuales de la curación por horas. El sanador actúa como canal para la energía de curación y también se beneficia de la energía que fluye a través del sistema de energía. Si se realizan muchas sanaciones seguidas, percibirá una ligera disipación que es causada por un exceso de gasto de vitalidad personal. En cada curación hay un pequeño gasto de energía del sanador que no es la misma que la energía Divina de curación (prana) que es canalizada a través del sanador durante la curación; esta pérdida no es importante cuando se han hecho uno ó dos sanaciones. Cuando el sanador realiza bastantes curaciones al día, la pérdida de energía será como un drenaje de energía. Esta pérdida puede afectar el sistema nervioso y hará que el sanador experimente una sensación de cansancio inusual, algunas veces aletargado o con somnolencia. Esta situación por sí sola no es peligrosa si se deja que el cuerpo se recargue. Con suficiente tiempo para descansar, jugar y dormir, pronto estará completamente lleno de vitalidad.

La manera más agradable de recargar energía es caminando descalzo en la playa o en el campo. Una caminata de diez minutos tendrá efectos maravillosos; todos los ambientes naturales tienen la facultad de restaurar así como los niños y los animales. Alimentarse con vegetales naturales generará el prana y es importante además consumir agua natural. El sanador puede usar cualquier combinación de técnicas para descubrir cual es la más apropiada. Si se encuentra exhausto respire profundamente y pronto estará listo para sanar otra vez.

15

Polarización

El segundo paso de la curación directa es llamado polarización, este proceso puede ser entendido en términos del séptimo axioma de la ciencia Hermética que afirma lo siguiente: "El género es un Todo ; cada objeto tiene su lado masculino y femenino; el género se manifiesta en todos los planos".[60]

Como se sabe el lado masculino es asertivo, mientras que el lado femenino es receptivo. Para el sanador esta dualidad tiene implicaciones muy importantes ya que se ha descubierto que cuando él ora por un periodo largo de tiempo con devoción, abre su corazón percibiendo emociones fuertes de amor y empatía, además su cuerpo se energetiza completamente percibiendo las oleadas de energía. Al percibir cualquier señal desagradable, el sanador junta las manos y esta sensación desaparece y se percibe una fuerte sensación de satisfacción. Al juntar las manos las oleadas de energía que están dispersas se unirán y formarán una emanación rítmica a través de las manos.

En algunos procesos de curación se ha encontrado que ocurren los mismos fenómenos descritos, pero la energía que se experimenta es mucho más poderosa. He percibido que la respiración proviene del lado izquierdo del cuerpo y que estas sensaciones coinciden con las sensaciones inusuales que vienen del mismo lado. Se ha descubierto que la sensación de incomodidad experimentada durante la oración es mitigada cuando se colocan las manos una junto a la otra o cuando se toca al paciente con las dos manos durante el proceso de curación por imposición de manos. Este descubrimiento es llamado polarización.

Magnetismo humano

El cuerpo humano funciona como un circuito eléctrico. La energía fluye a través de los nervios del cuerpo físico haciendo que se genere un pequeño campo magnético que hace que la polarización sea débil. Un lado del cuerpo físico tiene una carga positiva mientras que el lado opuesto tiene una carga negativa. Esto explica la percepción de diferentes sensaciones en los dos lados del cuerpo cuando se encuentra polarizado. Este campo magnético ha pasado inadvertido y su importancia en la curación no ha sido bien entendida. Sin embargo cuando el sanador abre sus chakras a través de la oración, de la respiración correcta y de la meditación, los canales de prana fluyen a través de él y su débil campo magnético es transformado en una poderosa herramienta para la curación.

El campo magnético que es generado a través de la polarización debe desplazarse por todo el cuerpo, de lo contrario se concentrará en el final de los tejidos nerviosos, muchos de los cuales están ubicados al final de las extremidades de las manos y de los pies. Esta concentración causa el dolor que ha sido descrito en los otros capítulos. Como regla general la energía magnética se desplaza en una sola dirección a través del polo positivo únicamente. Un lado del cuerpo del sanador que se encuentra polarizado funciona como el polo asertivo de energía mientras que el otro funciona con el polo de energía negativa, atrayendo la energía de curación de los planos superiores.

Cuando el cuerpo se polariza de esta manera quiere decir que una enorme cantidad de prana se encuentra disponible y lista para ser canalizada a cualquier persona a través del polo magnético positivo. Para las personas diestras el polo positivo estará ubicado en la mano derecha y el polo negativo en la mano izquierda; para las personas zurdas la polarización será al revés.

Curación directa por medio de magnetismo

Cuando el cuerpo está polarizado y el chakra del corazón se encuentra bien abierto, éste actuará como una aspiradora. Esta técnica extrae la energía de los otros chakras y lo transmuta hacia la frecuencia exacta de curación que el paciente necesita. Por lo tanto para sanar por medio de la polarización es importante que el chakra del corazón permanezca abierto tanto como sea posible. Se sugiere además que antes de sanar con polarización hay que completar el proceso de curación por vibración mientras el chakra del corazón se encuentre abierto y se proyecte energía a través de él. Es importante entender que el éxito de la polarización depende en gran parte de la habilidad para trabajar desde el chakra del corazón. La polarización puede ser utilizada además de forma separada si no se cuenta con el suficiente tiempo para realizar la curación por imposición de manos o si se ha practicado otra técnica de curación durante la sesión. En cualquier caso inicie el proceso respirando de la manera yógica por unos momentos. Cuando se encuentre relajado afirme mentalmente lo siguiente: "Me encuentro completamente relajado y soy un canal abierto para la energía de curación". Luego ubíquese en el nivel alfa-teta usando una de las técnicas que han sido descritas en los otros capítulos estimulando el chakra del corazón concentrándose y respirando desde él. Cuando el chakra esté completamente estimulado éste se abrirá y se convertirá en un canal para la energía de curación. El sanador podrá "pensar" desde el corazón y percibir la energía de curación que viene a través de él. Ahora concéntrese en las manos. Cuando se perciba que éstas comienzan a doler un poco y que el deseo de poner juntas las manos se incrementa, se sabrá entonces que el cuerpo se encuentra polarizado y que la energía magnética está fluyendo a través de él. En este momento se afirmará mentalmente lo siguiente: "Me encuentro polarizado y la energía magnética está fluyendo a través de mí". A continuación se extenderán las manos mientras se mantienen sobre el cuerpo del paciente (las manos no deben estar tocando al momento de la polarización) y percibirá las oleadas uniformes de energía a través del paciente. Practique la técnica de curación por polarización por unos cinco minutos y continúe trabajando hasta que perciba de manera satisfactoria que la energía ha comenzado a tener un efecto curativo en el paciente. Se ha encontrado que para obtener un mejor resultado en el proceso de polarización se debe realizar después de haber alcanzado el nivel vibracional cuando el sanador trabaja directamente en el área afectada en el cuerpo.

Una vez satisfecho con el efecto de la polarización sobre el paciente, aplicará uno de las variaciones de las técnicas de polarización que serán explicadas más adelante o cualquier otra técnica de curación vista en los capítulos anteriores.

Manteniendo la polarización

Cuando un cuerpo se encuentra polarizado, la energía de curación continúa fluyendo rítmicamente a través de la mano masculina (carga positiva). Es importante no interferir con su continuidad. Este paso puede ser difícil porque existen deseos inconscientes para sincronizar el ritmo de la respiración con cualquier otro ritmo físico que se torna consciente. Esto se debe evitar porque lo único que se logrará con la sincronización es la despolarización. Esta se puede evitar manteniendo la concentración en las manos y alejadas de la respiración. Es aceptado observar la energía fluyendo a través de las manos con su mente inconsciente, pero debe evitar la estimulación consciente.

Toque y polarización

Los movimientos de toques son muy eficientes en la curación cuando el cuerpo se encuentra polarizado. Los toques combinan rítmicamente los movimientos de manos, la respiración y la energía magnética generada a través de la polarización. Al usar los toques se levantan las manos del cuerpo físico del paciente y se trabaja en el aura etérica. Deberá usar los toques mientras se trabaja en el área afectada del cuerpo físico del paciente antes de llegar a la cabeza. Cuando el sanador esté listo para la aplicación del toque se abren los ojos (manténgalos desenfocados), se levantan las manos del cuerpo físico y se encuentra la superficie de su aura etérica con la mano masculina. En la siguiente exhalación se empuja con la mano de carga positiva como si se estuviera apretando un resorte. Se mantiene la otra mano a la altura de los hombros con las palmas abiertas (vea la figura 8) y se completa la exhalación

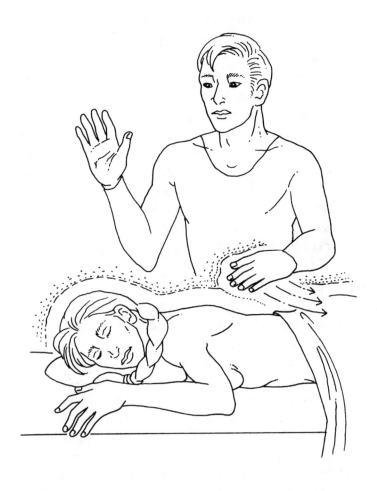

Figura 8: Toque y polarización

cuando la mano de carga positiva alcanza el cuerpo físico del paciente. Cada vez que se presiona hacia abajo se percibirá el flujo de energía rítmica provenir del brazo de carga negativa hacia el brazo de carga positiva hacia el paciente. Se mantendrá la respiración sin separar la inhalación de la exhalación y se continuará con esta técnica hasta que se sienta que la energía está siendo absorbida por el paciente. A medida que el paciente absorbe la energía comenzará a proyectarla a través de la mano y visualizará además los rayos de energía en un apropiado color de curación. Hay que asegurarse que el color proyectado sea claro y brillante. Utilice de dos a tres minutos para visualizar el tejido enfermo que en este momento se estará volviendo saludable.

Pases circulares

Existe otra variación que involucra pases circulares rítmicos hechos en el aura del paciente sobre el área enferma. Después que el cuerpo del sanador se encuentre polarizado y que haya hecho la curación por completo en el tejido enfermo, se levanta la mano masculina de la superficie del cuerpo del paciente (manteniéndolas en el aura etérica) y manteniendo la mano femenina sobre el hombro con la palma abierta y levantada (vea la figura 9). Realice movimientos circulares a unas tres pulgadas (ocho cms.) sobre el área del tejido enfermo con la mano de carga positiva. Mantenga las palmas boca abajo mientras circula el área afectada respirando lenta y profundamente. Los círculos tienen que hacerse en el sentido de las agujas del reloj. Respire un poco forzado como si se estuviera bajo presión y cuando haga el pase circular concéntrese en la palma de la mano percibiendo que la energía fluye en forma rítmica a través del paciente. Ahora realice los movimientos más rápido y visualice un rayo coloreado que fluirá desde sus manos hacia el aura del

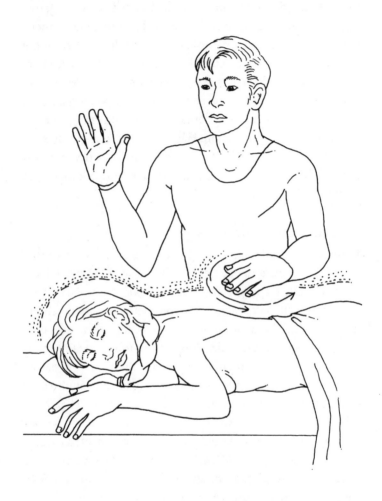

Figura 9: Pases circulares

paciente. Se sentirá que la curación está trabajando en el tejido enfermo curándolo por completo. Se continuará con esta vibración hasta que el sanador se sienta satisfecho y perciba que la energía de curación tiene un efecto positivo.

Contemplación

El capítulo sexto de Mateo dice: "La luz del cuerpo está en los ojos...".[61] Las personas que poseen un carisma magnético generalmente son reconocidas debido a la vitalidad de su mirada y a la claridad de los ojos. Ellos han aprendido a usar sus ojos para proyectar prana. Una contemplación firme y poderosa que emana compasión y amor puede tener un gran efecto en la curación. En las variaciones de la técnica de la imposición de manos que han sido aprendidas con anterioridad se pueden usar los ojos para realizar la contemplación y puede ser una importante adición en el proceso de curación.

La contemplación no significa mirar fijamente. Cuando se usa la contemplación se medita sin concentrarse observando a través del tejido del paciente. El prana que se enfoca a través de los ojos del sanador suministrará poder extra y facilitará la transferencia de energía. Se puede aplicar la contemplación mientras se están haciendo los pases en un movimiento circular o presionando hacia abajo; se puede utilizar además a cualquier hora con los ojos abiertos.

Contemplando antes y después de la curación directa

A menudo se usa la contemplación con los pacientes antes y después de una sesión de curación para relajar y ayudar al paciente a ser más receptivo y confiable en el proceso de curación. Muchos pacientes muestran estados nerviosos alterados cuando recurren a la curación espiritual por primera vez, debido simplemente a que es algo desconocido para ellos. Por supuesto existen otras causas que crean ansiedad en el paciente. Sin importar que causa, el estado alterado inhibe el proceso de curación. Por tales razones, es ideal trabajar en la relajación del paciente antes de la sesión de curación. La contemplación en estos casos es una herramienta importante para la curación. Algunos sanadores proyectarán energía de curación a pacientes recién conocidos. Se ha encontrado que los efectos de la contemplación también afectan al sanador ya que a menudo este proceso lo conduce a un estado alterado de conciencia. Muchas veces la simple contemplación que percibe el sanador es tan fuerte que es canalizada alrededor del ambiente físico de la habitación donde se esté realizando la curación.

Durante la presentación inicial cuando se explica el proceso de curación espiritual al paciente se usa la contemplación y a menudo se combinan con diferentes formas de curación en ausencia. Algunas veces el estado del paciente es tan alterado que la contemplación antes de la sesión de curación puede ser improductiva. En estos casos es posible que la contemplación después de la sesión tenga un buen resultado. Sin importar lo nervioso que se encuentre, el paciente se relajará después de la sanación. El se sentirá como se siente un estudiante al momento de terminar un examen; no importa si perdió o ganó, el hecho es que se terminó y no hay nada más que temer. La ansiedad del paciente raramente es un grave problema y a medida que el paciente se va acostumbrando al proceso de curación indudablemente se volverá más receptivo y creyente.

La contemplación va mucho más de ser una técnica reservada a la curación. Es un vehículo de autoexpresión; es la manera más eficiente de transmitir prana al exterior. Debido al efecto magnético habrá personas que se sentirán atraídas hacia usted creando nuevas y profundas relaciones afectivas.

Purificación del chakra

La contemplación y el pase de manos son elementos esenciales en la purificación del chakra. Algunos sanadores usan el chakra para purificarse como parte integral de cada sesión de curación. Esta técnica se puede usar en la polarización y después de trabajar en el área enferma y con las variaciones que han sido estudiadas en los capítulos anteriores. La purificación del chakra es beneficiosa para mantener abiertos los chakras del paciente, para su balance y correcto funcionamiento, también tiene un efecto benéfico en todo el sistema de energía. El proceso de purificación comienza por lo general con el séptimo chakra hasta llegar al primero.

Al principio el sanador mantendrá los ojos abiertos y desenfocados y con la mano masculina sobre el tercer chakra se busca la superficie del aura etérica del paciente. Se presiona hacia abajo mientras se exhala con fuerza y se alcanza la superficie del cuerpo físico. Inhale profundamente sin separar la inhalación de la exhalación. Repita este procedimiento tres veces exhalando en cada presión e inhalando a medida que retorna a la superficie del aura etérica. La mano con carga negativa deberá permanecer levantada lejos del paciente con la palma hacia arriba. Esta técnica mejorará la receptividad de la energía de curación. Después de realizar tres golpes hacia abajo se comenzará a hacer un movimiento circular en el sentido de las agujas del reloj dentro del aura etérica sobre el chakra. Continúe respirando sin separar la inhalación de la exhalación y mantenga los pensamientos desde el corazón. A medida que se contemple a través del chakra, se percibirá que el bloqueo desaparece y que la energía no se encuentra limitada en un solo lugar. Repita este procedimiento con cada uno de los siete chakras del paciente; no se necesitan más de veinte ó treinta segundos para purificar cada chakra al menos que se descubra que ha algún problema grave en algunos de ellos. En este caso se aplicará la polarización en cualquiera de sus variaciones para proyectar la energía de curación dentro del área afectada. El sanador puede completar la purificación y prosigue con el proceso de curación. La purificación del chakra así como su balance y la respiración yógica pueden ser usados como medidas preventivas para mantener la buena salud y prevenir enfermedades. Sus efectos son similares a los experimentados en el balanceo del chakra excepto que este caso es mucho más fuerte y los efectos son mucho más duraderos. La persona no necesita estar enferma para beneficiarse de la técnica de purificación del chakra, el sanador puede practicarla en cualquier persona que desee.

Como se puede observar, cuando el sanador alcanza el estado de polarización, tiene a su disposición muchas técnicas para ser usadas. El puede trabajar en el área afectada palpando el cuerpo del paciente y dejando que las pulsaciones rítmicas fluyan a través de la mano de carga positiva. También sana a través del aura usando los toques que se hacen con las manos en rotación circular, combinándolos con la contemplación y la curación en ausencia.

El sanador trabajará intuitivamente para obtener los mejores resultados. Cuando se encuentre satisfecho de la sesión de curación aparte las manos de la cabeza del paciente, aléjese por unos momentos y deje que los chakras se recarguen nuevamente. El paciente puede permanecer tranquilo por un par de minutos mientras usted recarga sus chakras y lava sus manos para desechar la energía residual. Para terminar cuente de 1 a 5 usando las afirmaciones correctas para regresar al estado normal de conciencia; cuando se llega al número 5, abra los ojos y percibirá que se encuentra completamente despierto, perfectamente relajado y mucho mejor que antes.

16

Curación empática

La curación empática es la tercera parte de la técnica de imposición de manos. Aquí aprenderá a usarla junto con la curación directa y las técnicas de curación en ausencia estudiadas anteriormente. Cada curación directa que se realice será diferente y no se emplearán todas las técnicas de curación que se conocen durante una sesión. El tiempo que se dedique a cada técnica y su disposición durante la curación difiere también; sin embargo, cuando se domina la curación empática todas las técnicas de curación emergen y no se participará conscientemente en el proceso de curación.

Aunque la curación empática es el método más poderoso e importante de curación, es la última técnica tratada porque es la más difícil de explicar y entender. La curación empática comienza cuando el sanador trasciende la dualidad del "Yo-Usted" y no se ve a sí mismo como esencia separada de su paciente sino como un Todo. El trabajo del sanador es el de servir como puente que conecte a su paciente con el Todo, la fuente de curación. En la curación empática el sanador trasciende su identidad separada y se reúne con el *Yo soy*. El *Yo soy* entonces emerge con el paciente y actúa como un canal de la energía de curación Divina. La pérdida temporal de la identidad personal permite que el sanador experimente la enfermedad del mismo modo que su paciente (aunque en forma temporal y más leve). El sanador percibe lo que su paciente siente, experimenta las sensaciones del cuerpo y comparte sus pensamientos. Se puede decir que en la curación empática el sanador se convierte en el paciente y se sana así mismo.

Empatía y unión

La unión con lo Divino o con cualquier otra persona nunca ha sido fácil de alcanzar. No obstante es el elemento más importante de la curación empática. Para lograr la unión es esencial entregarse y reunir el *Yo soy*. Sólo cuando el sanador se entrega, sus cualidades humanas son transmutadas en cualidades divinas. Sólo cuando se entrega puede convertir el amor humano en amor Divino y la conciencia humana se hace la conciencia Divina.

Condiciones para la curación empática

Existen ciertas condiciones que deben cumplirse antes que el sanador se entregue por completo y alcance la curación empática. El sanador debe prestar atención todo el tiempo alcanzando el estado alfa-teta. Debe recordar que él es una existencia multidimensional con características masculinas y femeninas que funcionan simultáneamente en todos los planos. Luego el sanador debe recordarse así mismo juntando todas las piezas de su identidad dispersas, al hacer esto el sanador se relaciona transformando el amor humano en amor Divino y compartiendo este amor con todo el que lo necesite. Finalmente al tener fe, el sanador se entrega y logra unirse con Dios y luego con su paciente.

Para sanar empáticamente, el sanador debe ser hábil en el arte de la transmutación. Debe aprender además a transmutar la energía en los cuatro niveles cuando se necesite a cualquier frecuencia. Para realizarlo, el sanador debe convertirse en maestro del pranayama y controlar el sistema energético por medio de la respiración. Si el sistema energético funciona mal y la respiración es inadecuada, la curación empática será imposible de lograr. La mente y el cuerpo del sanador deberán estar en perfectas condiciones. Sus chakras deben estar abiertos y equilibrados listos para transmitir grandes cantidades de prana al paciente. Cuando las condiciones son ideales, el *Yo soy* tomará control y será posible trabajar empáticamente. Como se puede ver, las técnicas que hasta ahora se han estudiado son prerrequisitos para la curación empática y su dominio lo llevarán hasta la fase final más importante de la curación. Encontrará que: "Más allá del mundo de la materia, más allá de la fuerza creativa de Brahma, existe la gran existencia sin igual que prevalece sobre todo y mora en todo, tomando su forma divina de cada existencia".[62]

Dominando la curación empática

Antes de sanar empáticamente se debe dominar la curación por vibración o polarización. Cualquiera de estas dos técnicas pueden actuar como punto de partida para sanar empáticamente. Cuando se ha completado la curación por vibración o polarización, inicie el proceso afirmando mentalmente lo siguiente: "La presencia divina está con nosotros, somos uno solo con El".

Luego enfoque toda la atención en el paciente hasta que sienta la unidad de pensamientos. Lo anterior tomará sólo unos pocos minutos, y tanto usted como el paciente experimentarán una respiración rítmica que los acercará aún más. Algunos sanadores sienten algo inusual que viene de los plexos solares cuando sanan empáticamente porque es desde allí donde el sanador se conecta a la gente, los lugares y las cosas.

Uniéndose con el paciente

Cuando sienta cada movimiento del corazón del paciente como si fuera el suyo, sentirá saliéndose de su cuerpo en camino a unirse con el paciente. Esta unión puede ser mental o etérica. Cuando es sólo la mente o la conciencia proyectada afuera del cuerpo físico, el sanador se conectará con el paciente en el plano mental y la experiencia será similar a la proyección mental. Sin embargo, cuando se proyecta el cuerpo etérico fuera del cuerpo físico y se emerge con el cuerpo etérico del paciente éste se convierte en uno solo (sanador y paciente) y se libera de los límites impuestos por el cuerpo físico. Es de este modo por el cual paciente y sanador se conectan. El comienzo será la unión de cuerpos etéricos pero con la práctica irá más lejos. La unión con el cuerpo del paciente es posible en cada uno de los tres niveles superiores: el nivel etérico, el nivel mental y el espiritual.

En sus fases iniciales cuando el cuerpo etérico comienza a dejar el cuerpo físico, el sanador sentirá que es empujado en diferentes direcciones. Esta es una proyección parcial útil porque cuando el cuerpo etérico deja el cuerpo físico, es liberado del control de la mente consciente y el Todo tiene un contacto más directo con el paciente. Además, la vibración pránica central se hará más fuerte y más prana correrá desde su sistema energético hacia el paciente.

Al dejar el cuerpo durante la curación empática, el Todo no será bloqueado por las tensiones, los miedos, las dudas que se tengan. No existe mente consciente que interfiera la conciencia y no existe cuerpo físico que obstaculice el fluir del prana, es de esta manera en que el Todo puede trabajar sin limitación, ya que la curación será directa, completa y espontanea.

Como sanador, usted debe cultivar el desprendimiento material y dividirse en dos partes. Debe aprender a pensar con el corazón, sanar con el corazón y proyectar la conciencia hacia el paciente mientras permite que la parte consciente, la mente objetiva y el ego permanezcan separados, relegados sólo a observar y ocasionalmente a programar.

La actitud del paciente

En la curación empática, más que en otro tipo de curación, la actitud del paciente es importante. Si el paciente es escéptico, ansioso o desconfiado, el sanador encontrará muchas limitaciones. Por otra parte, si el paciente cree en el proceso de curación y espera ser sanado y además tiene suficiente fe en el sanador, será posible la curación empática y la probabilidad de una curación completa y espontanea se incrementará substancialmente.

Durante varios meses trabajé con una paciente de avanzada edad que sufría de artritis que le provocaba un dolor extremo en sus caderas y parte lumbar. Mi relación con ella fue excelente y pude trabajar empáticamente en su enfermedad durante periodos largos de tiempo. Ella dejó que la energía fluyera fácilmente y como consecuencia logré trabajar durante las meditaciones mientras que la sanaba en ausencia. Por su avanzada edad y sus condiciones ella nunca sanó por completo. Sin embargo, fui capaz de reducir en gran parte el nivel del dolor. Como resultado la paciente pudo dormir sin sentir molestias, algo que por mucho tiempo no había podido hacer. La paciente regresó a sus actividades diarias y su excelente relación y confianza en mí ayudó a la curación empática.

En este caso la curación empática fue útil para liberar el dolor y debe tenerse en cuenta que es a través de esta práctica, la unión con lo Divino y con el paciente es posible lograr las sanaciones espontaneas.

Una curación empática completa

En otra ocasión una curación espontanea resultó en una curación empática. Esto ocurrió en una de sus clases mientras demostraba la curación empática como parte de una investigación. La demostración se llevó a cabo en una joven mujer que voluntariamente se sometió a la prueba y aquí hago mención a una carta que me fue enviada por la paciente unos días después:

> En septiembre 11 me interné en el Hospital Universitario de Nueva York para que me extrajeran mis amígdalas. La noche antes de la operación me descubrieron un nódulo en el lado superior izquierdo de mis pulmones. Se compararon los rayos X con radiografías tomadas hace tres años y el nódulo fue confirmado por los nuevos exámenes. Los doctores autorizaron nuevos análisis para obtener más información sobre la localización del nódulo y su consistencia.
>
> Mientras tanto yo estaba asistiendo a su clase de Desarrollo Psíquico y decidí participar en la sesión de Curación Psíquica (durante la tercera clase). Esto ocurrió dos semanas después del descubrimiento del

nódulo en el pulmón. El análisis ordenado por el doctor fue cancelado debido a fallas en el equipo y pospuesto una semana más. Con el escáner, el doctor confirmó que no había señales del nódulo y la visión del pulmón era clara.

Mientras participaba en la curación psíquica pude sentir realmente la calidez de la energía de curación a través de mí. En realidad el lado izquierdo de mi cuerpo (donde estaba el nódulo) parecía flotar en el aire mientras el lado derecho estaba aún en el sofá. Usted había escogido el área sin decirme donde se encontraba el nódulo.

Creo firmemente que la curación psíquica realmente ocurrió debido a la sensación de mareo que sentí después. Me gustaría agradecerle (y al espíritu de Cristo que vino a través suyo porque sé que usted no acepta halagos) por mi curación. Probablemente me ahorró una operación costosa y dolorosa y me ayudó también a confirmar mi fe en la curación psíquica y los aspectos psíquicos y espirituales de la vida.

Uniéndolo todo

La sesión completa de curación directa es la síntesis de las técnicas de curación directas y en ausencia que culmina en la curación empática. Cuando esté listo para realizar una sesión de curación, debe explicarle al paciente las técnicas de imposición de manos mientras lo hace relajar. El sanador, como el paciente, deberán relajarse por medio de la respiración yógica. Luego afirmará mentalmente lo siguiente: "Estoy en el nivel alfa y mis manos se hacen cada vez más sensibles".

Cuando esté listo, realice tres toques completos sobre el aura etérica del paciente. Se mantienen las palmas de las manos hacia abajo y se extienden los dedos. Después del último toque encuentre la superficie del aura etérica del paciente con la mano masculina. Esta mano se utiliza para examinar rápidamente el aura del paciente. Luego se toman unos minutos para diagnosticar la condición del paciente y cuando se ha terminado en la frente del paciente, se hace que gire y se repite el proceso en la espalda. Si se descubre algún problema en el aura, proyecte la conciencia al interior del cuerpo del paciente para completar el diagnóstico.

Al terminar, siéntese al lado del paciente, cierre los ojos e inicie la respiración yógica. Sienta que se profundiza más y más en cada exhalación. Luego afirme mentalmente: "Soy un canal de curación y la energía de curación viene a través de mí".

Ahora coloque las manos en la cabeza del paciente y se deja que la respiración yógica lo conduzca al estado de vibración. Concéntrese en el ritmo del cuerpo y deje que éste dirija la respiración. La respiración deberá ser un poco forzada sin separar la inhalación de la exhalación hasta que sienta vibrar las manos y se emane calor. Una vez la vibración se mantenga por sí sola llegará al estado de vibración. Trabaje en la cabeza del paciente empleando la curación por vibración durante cinco minutos dejando también que la vibración pránica central sobrepase la primera vibración. Diríjase al área enferma del paciente sin interrumpir la vibración. Mantenga las manos apartadas. Cuando se haya cambiado de posición, continúe la curación con esta técnica durante tres ó cuatro minutos. Si las técnicas de curación en ausencia aparecen de manera espontanea, úselas junto a la curación por vibración. Cuando se han logrado los efectos deseados concéntrese y respire desde el chakra del corazón. Afirme mentalmente lo siguiente: "Estoy polarizado y la energía magnética fluye a través de mí".

Cuando el chakra del corazón se ha estimulado lo suficiente los brazos y manos comienzan a sentir algo de dolor y se percibe un gran deseo de juntarlos. Esto prueba que el cuerpo se encuentra polarizado. Después de cinco minutos del proceso de curación se sentirán las ondas rítmicas de la energía fluyendo a través de la mano masculina hacia el paciente. Trabaje durante los dos ó tres minutos usando sólo la técnica de polarización. Luego se visualiza un rayo de energía con el color apropiado que fluye desde el chakra del corazón hacia el área enferma del paciente donde la absorberá con gratitud.

Después de dos ó tres minutos o cuando se alcanzan los efectos de la técnica de polarización y curación de chakras, retire sus manos del paciente, abra los ojos (manténgalos desenfocados) y comience las variaciones del toque. Encuentre el aura etérica del paciente con la mano masculina y en la siguiente exhalación presione hacia abajo con la mano de carga positiva como si estuviera presionando un resorte. Mantenga la otra mano al nivel de los hombros con las palmas hacia arriba. Complete la exhalación mientras la mano cargada de energía positiva alcanza el cuerpo físico del paciente. Cuando el paciente comienza a absorber la energía proveniente de la mano, el sanador visualizará esta energía como un rayo de color y sentirá que el paciente la absorbe con gratitud. Tomará unos dos minutos para sanar a través de esta variación. Cuando haya terminado inicie toques circulares con la mano masculina en el sentido de las manecillas del reloj sobre el aura etérica del paciente a una distancia de tres pulgadas (ocho cms.) del cuerpo físico. Mantenga la mano hacia abajo mientras hace círculos sobre el área enferma y respira profunda y lentamente. La respiración deberá forzarse un poco, como si se estuviera bajo presión. Al realizar los toques circulares concéntrese en la palma de su mano y perciba que la energía fluye rítmicamente a través de ella. Luego los movimientos circulares se hacen más rápidos y visualizará un rayo de color que fluye desde su mano hasta el aura del paciente. Continúe con esta variación durante dos ó tres minutos hasta que perciba que su energía tiene un efecto sanador. El trabajo se puede complementar con la técnica de polarización y el toque purificando los chakras del paciente. Recuerde que se comienza con el séptimo chakra y se termina con el primero. Después de estas variaciones regrese a la cabeza del paciente y afirme mentalmente lo siguiente: "Cada vez que alcanzo estos niveles en mi mente, puedo llegar a niveles más profundos y sanos".

Luego cuente en forma regresiva de 10 a 1 y sienta que cada vez va más profundo. Después afirme mentalmente: "La presencia divina está con nosotros y somos un Todo".

Concéntrese en su paciente y simpatice con él percibiendo lo que él siente. En su nivel de conciencia más profundo esto le tomará sólo unos pocos minutos. Después de un tiempo notará un cambio en la respiración pues ésta junto con la del paciente disminuirá y fluirá a un mismo ritmo. El sanador sentirá que con cada respiro se conecta más al paciente y con cada latido de su corazón sentirá que él y el paciente son uno. Cuando se ha logrado esta unión, todas las técnicas de curación aparecen como una sola y se logra la empatía final. Continúe trabajando por unos cinco minutos o hasta que esté satisfecho con los resultados.

Al terminar la sesión retire las manos de la cabeza del paciente, siéntese durante un momento y deje que sus chakras se recarguen. Ahora afirme mentalmente: "Cada vez que actúo como canal de curación no sólo sano mi paciente sino que yo también me sano".

Al recargar los chakras se cuenta de 1 a 5 lentamente. Al llegar al número 5 abra los ojos y se sentirá despierto y completamente relajado y mucho mejor que antes. Finalmente lave sus manos en agua fría tres veces para retirar algún residuo de energía negativa que pudiera haber sido recogida durante la sesión de curación. Al terminar la sesión hable con el paciente sobre las experiencias de curación y disfrute los efectos que la curación empática tuvo sobre los dos.

17

Más allá del ego

Dos de las preguntas que más surgen en cuanto a la curación espiritual son: ¿Qué papel cumple el ego durante el proceso de curación? y ¿Cómo protege el sanador su ego de la energía negativa durante la sesión de curación en ausencia o la imposición de manos?

Exceptuando enfermedades contagiosas no se han reportado casos donde un sanador se haya contagiado de su paciente y que afecte su cuerpo físico. Sin embargo, tanto en la imposición de manos como en la curación en ausencia el sanador que proyecta su conciencia al paciente hace contacto en el plano mental y etérico y aunque no existe transferencia directa de enfermedad física es posible que el sanador recoja algunos pensamientos e imágenes negativas a nivel mental y sentimientos negativos a nivel emocional. No hay problema si el sanador está alejado del paciente y recuerda que él sólo es un canal de curación. No obstante, si el sanador deja que su ego —su conciencia inferior— participe en el proceso de curación podría tener problemas. El yo inferior no cumple ningún papel en la curación; por esta razón el sanador deberá dejarlo a un lado cuando la curación comience. Es el *Yo soy* el que debe actuar como canal de curación de energía Divina. En resumen pueden presentarse problemas si se permite que el yo inferior del sanador obstaculice el trabajo de curación.

Transmutación de la energía negativa en el plano mental

Desde el comienzo de este libro se ha enfatizado que el sanador es un canal. Dios es el sanador. Si se recuerda esto no existirá problema alguno. Cuando ocurre un problema y se empieza a percibir las fuerzas negativas mientras se practica la curación en ausencia, el sanador debe detener la sesión enseguida y emplear la técnica "Cancelo, cancelo" aprendida en el capítulo tres. Si ya ocurrió una respuesta emocional negativa se debe comenzar inmediatamente a reprogramar. Ponga en práctica las técnicas aprendidas con anterioridad y llegue al estado alfa-teta. Cuando esté completamente relajado, con los ojos desenfocados y creando imágenes mentales, deberá afirmar: "El negativismo no tiene efecto sobre mí en ningún nivel mental".

Repite lo anterior hasta que sienta que el negativismo se ha disipado. Luego emplee afirmaciones positivas para reforzar su estado mental. Diga mentalmente: "Cada vez que venzo el negativismo me vuelvo mucho más fuerte", y luego: "Soy un hijo de Dios, un canal de su amor y poder".

Continúe diciendo estas afirmaciones hasta que lo considere necesario y si quiere puede adicionar otras. Finalmente deje que la respiración yógica lo conduzca a una corta meditación. Durante esta meditación se crean imágenes positivas en la mente para completar la programación. Si puede resistir a la ansiedad inicial usando las técnicas conocidas, podrá convertir lo negativo en positivo.

El problema del ego en la curación

Cuando comienzo a sanar, algunas veces excedo mis límites naturales por intentar más de lo debido. Yo creía que la técnica Divina se podría mejorar involucrando mi ego en donde no debería estar. He experimentado casos donde mi ego ha sobrepasado los límites y ha causado dolor. Puesto que el negativismo hiere y no es agradable, me he visto en la necesidad de prever el dolor. Se sabe intuitivamente que sólo si se trasciende al ego se podrá sanar efectivamente, sin embargo algunas veces los esfuerzos iniciales por vencer el ego fallan. El ego es traicionero y no lo gusta ser ignorado; a pesar de los mejores esfuerzos el ego parece encontrar algunas veces formas ingeniosas de insertarse en el proceso de curación. Lo anterior puede continuar hasta que se entienda lo que es el *Yo soy* y se realice la separación total. Cuando el sanador se involucra con los miedos y deseos, es su Yo el que ataca, y al intentar cambiar esto es contraproducente porque el *Yo soy* en ambos casos es el ego, y el deseo de automejoramiento se convierte en una artimaña que el ego utiliza para confundir al sanador. Pero el sanador sabe que debe remover el ego, al menos durante la curación, y darle espacio a la energía Divina.

Trascendiendo el ego

Mis experiencias me han conducido a concluir que algunas veces mis intentos por disipar el ego fueron inútiles pues el ego es preeminente en el plano terrestre y nunca puede ser vencido a la fuerza; sólo puede ser transcendido y para esto se necesita ayuda. La ayuda no puede venir de otra persona, al menos en forma directa, sino desde el yo superior, el *Yo soy*. Sólo el *Yo soy* tiene el suficiente poder e inteligencia para vencer y engañar el ego con astucia y sólo este puede sacar el ego de su posición. El *Yo soy* vence al ego sin fuerza alguna y no lo ataca porque un ego saludable es necesario en la vida. El *Yo soy* trasciende al ego llevando a la persona a un nivel más alto de conciencia. En este nuevo nivel, el poder del karma (causa y efecto) trasciende y el ego es forzado a someterse a su nuevo compañero, el *Yo soy*.

El "Yo soy" y la unión

Cuando finalmente reconoce el *Yo soy*, descubrirá que usted es el *Yo soy*. El *Yo soy* es el corazón que le habla a través de la intuición y la conciencia y cuando se escucha lo suficiente, comenzará a influirlo de muchas formas. El *Yo soy* actúa como su consejero, luego como compañero y finalmente como amigo. Cuando esta relación se hace más intima y crece la confianza, ocurre un milagro: usted se convierte en el *Yo soy* y aprende por fin que siempre lo ha sido. Usted no es el ego ni la personalidad; estas son máscaras con las cuales, por equivocación, se identifica y que con el tiempo llegó a creer que era una de ellas. Sin embargo una vez que acepta que usted es más que ego y personalidad, su transformación comenzará. Encontrará además que la separación, su creencia de que usted está separado del resto de la creación, es una ilusión. Cuando es capaz de ir más allá de la separación y reconoce que es parte del todo, podrá encontrarse en unión con todas las formas de vida. Entonces el *Yo soy* fluirá a través del sanador para sanar en todos los niveles. Con el tiempo la personalidad será transformada enriqueciéndolo profundamente y convirtiéndolo en una herramienta divina que le sirve al *Yo soy*, que es ahora el templo de la curación Divina.

> ...mi alma no tendría guía, las gaitas habían dejado de sonar.
> En medio del barro ¿qué éxtasis obtendría?
> Deja que la pica dorada marque la primavera
> y que las lágrimas se originen y limpien esta suciedad.
> Señor deja que mi espíritu aumente mis visiones,
> para que mi alma se llene con el dulce sonido de las gaitas....[63]

Separación y enfermedad

La separación no es el estado natural del ser humano pero se ha convertido en norma general para la mayoría de las personas hoy en día. La separación es un estado de la enfermedad porque de algún modo u otro cada persona que la experimenta busca reunirse con el *Yo soy*. Si un individuo se equivoca o falla en sus intentos de reunirse con el *Yo soy* buscará unirse con cualquier aspecto, siendo esto el origen de todas las clases de adicciones. La separación provoca enfermedad y la enfermedad es dolor. El dolor hace que las personas busquen consuelo y satisfacción y si no lo encuentran en los dominios internos lo buscarán en el mundo físico a través del sexo, la gula, las drogas, y demás actividades adictivas. Lo importante es saber que la raíz de estas adicciones es la separación del *Yo soy*. Por esta razón la Biblia dice: "El hombre con mucha riqueza perderá su propia alma".

Reunión y autorealización

La reunión a través de la autorrealización siempre ha sido la meta de las almas más inquietas que buscan terminar con la enfermedad en todos los niveles. Existen muchas rutas que conducen a la unión con el *Yo soy*, por lo tanto el modo por el cual una persona busca la unión no puede ser igual al modo empleado por otra. El Karma, el temperamento y otros factores externos determinan el destino o el Dharma en cada individuo. Debido a estas diferencias entre los seres humanos los antiguos yogis fundaron ocho escuelas de yoga. El temperamento individual determina cuál de estos caminos conducirá a la persona a la unión. En el Bhagavad Gita, Lord Krishna explica que el camino de la acción y el servicio es para aquellas personas que trabajan; el camino de la acción conduce a la Unión. El explica que la acción justa o la acción que no es egoísta ni interesada, es decir el verdadero servicio, no se origina del ego sino del espíritu supremo, el *Yo soy*. La curación realiza este servicio sin egoísmo alguno, ofrece karma yoga actuando como canales permitiendo que el Todo sane a través del *Yo soy*.

Con frecuencia me preguntan cuál es la ruta más directa para la curación y la autorrealización. La respuesta es sencilla, el servicio a los demás. En la curación se sirve a los demás uniéndose con el Todo y luego con el paciente. Actuamos como canales y en este proceso se trasciende el ego. Dicha trascendencia y la unión que se logra son tan placenteras que el sanador después las busca en sus relaciones afectivas. La experiencia directa del poder Divino y su espíritu a través de la unión con el *Yo soy* ayuda a entender el poder y el significado del amor de Dios y al mismo tiempo un deseo de conocerlo más. Si se quiere encontrar el "camino" les sugiero sanar y a servir a los demás. Esto es quizás parte de su Dharma, su verdadero camino.

Encontrando mi Dharma

El destino de una persona, es decir su Dharma, es como un mapa que él o ella debe seguir esperando encontrar felicidad y sentido a la vida. En mi caso, por mucho tiempo le di la espalda a mi verdadero Dharma. El miedo que sentía por ser diferente a los demás me hizo negar mi verdadera función y misión. El miedo a ser yo mismo me empujó en direcciones sin sentido hasta que la frustración me detuvo. Mi ego era mi centro de atracción en lugar de seguir el camino del *Yo soy*. El resultado fue de frustración y miedo. Sólo cuando mi maestro me pidió que me alejara empecé a enfrentar mis conflictos entre mi ego y el *Yo soy*.

Una parábola

Cuando partía, mi maestro me contó la siguiente historia que nunca olvidaré. Cierto día un hombre joven conoce a su maestro; el joven le pregunta si lo aceptaría como estudiante. El maestro lo acepta pero con una condición: antes de comenzar tienen que salir a navegar. El joven acepta y al día siguiente parten hacia el mar; su viaje es al comienzo lento y algo aburrido pero repentinamente el viento tomó fuerza alcanzando mayor velocidad día tras día. La nueva aventura hizo que su emoción creciera logrando una felicidad pasajera. Pero aún continuaba insatisfecho. Mientras pasaban los días el maestro percibía la tristeza en su alumno. Finalmente, en un día calmado lejos de la costa, el maestro decidió bajar la vela y el bote navegó a su voluntad. De repente él le preguntó a su alumno: ¿Por qué has venido conmigo?, ¿fue sólo por diversión o buscabas algo más?, ¿fue sólo la aventura o el deseo de reunirte conmigo?". El joven no respondió y el anciano continuó: "Navegar no es parte de mi enseñanza. Te traje aquí lejos del confort y de tus malos hábitos para que los olvides y los dejes atrás porque tienes que aprender que las cosas que dejaste no son esenciales. Tu felicidad no depende de ellas. Sin embargo no eres feliz y eso es porque tu eres aún tú; he ahí el problema: Tu. Para alcanzar lo que quieres algo debe cambiar en ti. El reino eterno de tu ego debe terminar para que el verdadero tu, el *Yo soy*, pueda emerger. La realización personal, lo que tu más deseas siempre se logra así: a través de la entrega.

Ahora mira hacia el mar. Como el mar, el ego te mantiene separado de ti mismo. El mar es todo, eres tu, el Todo, todo lo que fue o será. Debes dejar el ego atrás y sumergirte en el mar, entregándote a él, venciendo el dolor de la separación logrando la unión y la paz".

El estudiante dudó por un momento y respondió: "Quiero tener tu libertad". De repente el anciano tomo al joven del brazo y lo arrojó al mar. En su desesperación, el joven comenzó a chapalear olvidando las enseñanzas y con angustia intentaba regresar al bote. El anciano le gritó: "Ten fe, no te entregues a tu miedo", pero el muchacho no lo escuchaba porque sólo pensaba en salvarse así mismo. Finalmente pudo sujetarse de un lado del bote. El anciano lo ayudó con recelo a subir al bote y por un rato el joven descansó sobre la cubierta. Por un largo rato no se dirigieron la palabra, mientras el anciano, sentado en la parte posterior, llevaba el barco de regreso. Cuando llegaron al puerto el anciano bajó del bote; allí por fin habló: "Hay muchas cosas en este mundo que se deben aprender pero son sólo preparativos para la reunión y la autorrealización que es el objetivo de todo aprendizaje. La reunión sólo puede lograrse con la entrega y esto al final es lo único que vale la pena. Has aprendido muchas cosas pero no eso. Todavía eres un esclavo de tu ego y tus miedos y deseos te controlan. Has aprendido muy rápido pero tu meta aún se escabulle de ti. Tu eres aun tu, ahora debes irte porque ya no me necesitas. Regresa al mundo y deja que el mundo te enseñe y tal vez encuentres a tu yo".

No respondí. Lo único que hice fue alejarme. Entendí la historia por lo que es, una metáfora de nuestra relación. Al pasar los años, mi Dharma se hizo realidad, y a través de mi trabajo en la curación fui capaz de entregarme al *Yo soy*, y así alcancé mi meta. La autorrealización ocurrió cuando reconocí mi verdadero Dharma y tuve el valor de seguirlo. Descubrí que la autorrealización viene a través del servicio; por esta razón Dios me emplea como un canal de curación.

18

Mantenerse
saludable

L a buena salud es la meta de la curación espiritual y es
además un regreso a la armonía y al balance. A lo largo
del libro se han aprendido técnicas que nos ayudarán a
alcanzar la armonía y el balance en los estados superiores y
en nuestro sistema de energía. La armonía y el balance de los
planos superiores son transmutados hacia el plano físico
para mantener la salud, pero no hay que creer que sólo trabajando en estos planos podemos olvidar la importancia de
nuestra relación con el ambiente físico. La relación entre la
persona y el mundo físico debe ser balanceada si se desea
mantener la buena salud. El propósito de este capítulo es
sugerir una rutina diaria que le ayude a mantener la armonía
con el ambiente físico y a mantener la salud, la cual ha sido
restaurada por las técnicas espirituales de curación.

La vida es un proceso que nunca se detiene; la vida fluye rítmicamente en dos direcciones, una dirección es hacia la salud y la otra hacia la enfermedad. Como consecuencia, ninguno de nosotros se puede dar el lujo de sentirse completamente satisfecho con la buena salud. Lo que se haga o se deje de hacer en el plano físico puede tener una influencia significativa en la salud física o en la salud de los cuerpos superiores (hay que recordar que la enfermedad es transmutada hacia el cuerpo adyacente sin importar de dónde provienen las causas que la originan). Queda claro entonces que las acciones y reacciones del mundo físico están relacionadas totalmente con la forma de comer, dormir, descansar, trabajar, etc. Esto contribuirá significativamente en nuestro estado de salud en general.

La forma de experimentar enfermedades en el plano físico es normalmente un síntoma de problemas mucho más graves que se remontan a los planos superiores. Cuando los modelos negativos se han arraigado en el cuerpo físico, estas formas se desarrollan y generarán un impacto negativo en la salud de los planos superiores; esta clase de condicionamiento negativo crea patrones negativos que se convierten en terrenos fértiles para las actitudes negativas, las relaciones humanas negativas y estresantes. Estos patrones negativos deben ser transformados en actitudes positivas y de esta manera se alcanzará la salud.

¿Es el estrés un enemigo?

Por un momento es importante tener en cuenta el tema del estrés. Por muchos años éste ha sido el malvado, el enemigo invisible de la salud el cual es síntoma de enfermedad. Pero, ¿es realmente el estrés nuestro enemigo o es acaso nuestra actitud la que culpa al estrés? Analicemos las últimas investigaciones hechas en el sistema hormonal del cuerpo o el

ACTH (hormona adrenocotico-tropica). Expertos consideran que esta es la hormona más importante que el cuerpo humano puede producir. Experimentos recientes han demostrado que cuando el estrés es generado en animales de laboratorio se produce ACTH. También se encontró que esto origina nuevas uniones en las neuronas del cerebro. Las uniones de las neuronas son puentes delgados del cerebro que conectan las células cerebrales y son los artífices del aprendizaje. Por lo tanto, mientras más uniones de neuronas tenga una rata, ésta aprenderá con más rapidez y retendrá con mayor facilidad el conocimiento, siendo estos mismos resultados aplicables a los seres humanos.

El estrés es un factor positivo en el cambio, en estos experimentos se demostró su verdadera naturaleza la cual no es singular sino polar. De experimentos como estos se ha descubierto que las situaciones estresantes son inherentemente subjetivas y que la percepción de una persona determina si la situación estresante puede tener su lado positivo o negativo, ya que no es sólo el estrés, sino la reacción de la persona al estrés y su negatividad la que hace la diferencia entre la buena salud y la enfermedad. Al aceptar su responsabilidad innata por su salud y bienestar, comenzará a apreciar el significado de las acciones y reacciones de su salud en general. Para garantizar su permanente buen estado de salud, deberá ser responsable realizando además acciones prudentes que promuevan la salud en su ambiente interno y externo practicando una rutina diaria que promueva el correcto fluir de energía a través del sistema de energía y mantener de manera apropiada las relaciones entre los cuatro cuerpos. En este capítulo se describirá un programa diario el cual creo conveniente para mantener su cuerpo saludable después de que éste haya sido restaurado.

Regularidad

Hace aproximadamente dos mil años Hipócrates comentó a sus discípulos que la regularidad era un indicador de buena salud y que por el contrario la irregularidad en las funciones corporales y en los hábitos personales producía enfermedad. Gay Luce nos dice: "Una persona saludable vive en armonía con su entorno", afirmaba además: "Es claro que la salud en los seres humanos no es sólo un ritmo interno ya que ella tiene que estar sincronizada con el ambiente".[64]

Esta evidencia abrumadora parece ser el punto más importante de la ritmicidad para mantenerse saludable ya que ningún programa que ha sido diseñado hasta ahora para fomentar la salud promueve la regularidad. Sugiero que antes de comenzar una rutina diaria de salud examine el ritmo de vida que lleva: la manera de vivir, cómo maneja situaciones y cómo se relaciona con los demás. Verifique si existen causas que generen irregularidad ya que por sí mismas éstas son generadoras de enfermedad. Esto se puede hacer de la manera más simple y en sólo una semana. Para esto hay que usar una libreta y un lapicero anotando las diferentes actividades de un día normal. Se toman notas de a qué horas se va a la cama, a qué horas se levanta, a qué horas come regularmente, a qué horas come fuera de las comidas, y a qué horas trabaja y descansa. Se tiene en cuenta además, las diferentes actividades que se hacen mientras se descansa y trabaja e incluso se puede anotar cuánto tiempo dura la persona sola y cuánto tiempo con amigos y familiares. Tome notas separadas donde se registran comentarios de cada actividad y se hacen observaciones de cómo se siente al final de cada actividad y al final del día.

Después de uno ó dos días empezarán a observarse ciertos patrones del comportamiento y se encontrará que el bienestar está directamente relacionado con las clases de actividades que hace y con qué regularidad. Por ejemplo, es probable que se descubra que cuando hay un cambio de hábito en el sueño, es decir si en la noche anterior se ha trasnochado, al día siguiente se sentirá ansioso. Encontrará además que a medida que se regularizan los hábitos el sueño será mucho mejor y se levantará repuesto a la mañana siguiente. En general cuando la persona trabaja con una rutina regular el cuerpo funciona y se siente mucho mejor.

La relación entre la ritmicidad, la salud e incluso la productividad es tenida en cuenta por las investigaciones científicas. Estas no han sido estudiadas sólo en los laboratorios sino que a través de investigaciones de campo en donde se ha utilizado la observación y la investigación de acontecimientos nacionales y mundiales. La unión entre el mundo exterior y el ritmo interno de la persona se denomina Zeitgebers (palabra alemana que significa "que dan tiempo"). Estos indicadores exteriores (a menudo los mismos ritmos del ciclo del día y de la noche) son la clave del reloj biológico interior y a su vez estos pueden trastornarlos. La comida y la bebida son poderosos Zeitgebers así como el estrés. Los relojes internos y los ritmos biológicos se afectan cuando se varía la rutina diaria como, por ejemplo, cuando se cambian las horas laborales. Estas variaciones en los ritmos biológicos diarios causan destrozos en la delicada maquinaria interna y en la salud de las personas y la habilidad para trabajar correctamente. Los científicos tienen un ejemplo de lo que ocurre con estas clases de variaciones como cuando sucedió el accidente nuclear de la Isla Three Mile, el cual se facilitó porque generalmente los trabajadores cambiaban los horarios semanalmente. Esto significa que los relojes internos de los trabajadores se encontraban descontrolados durante la mayor parte de las horas laborales y se ha demostrado que existe una relación directa entre productividad, salud y el ritmo biológico. Los investigadores del accidente creen que los trabajadores pudieron haberse desorientado, teniendo equivocaciones en la memoria, juicios errados y dificultad al concentrarse. Los investigadores creen entonces que los trabajadores reaccionaron tardíamente a la crisis y que sus ritmos se encontraban afectados. Las investigaciones posteriores demostraron que en las horas anteriores del accidente (él ocurrió a las 4:00 A.M.) había evidencias en el libro de registros en el numeral tres y cuatro con pequeños errores en la lectura y en la interpretación de datos hechos por los trabajadores que habían cambiado su horario de trabajo.

Los retrasos o adelantos en los relojes biológicos de las personas que viajan son otra forma de Zeitgeber lo cual origina que la persona emita juicios errados y disminuya la eficiencia en su trabajo. En 1956 John Foster Dulles el secretario de estado del presidente Eisenhower, voló hacia Egipto para dirigir las negociaciones con el presidente egipcio en lo relacionado con la construcción de la represa de Asuan. Después de su llegada las conversaciones se rompieron. Esta equivocación en las políticas externas hizo que los egipcios se aliaran con los soviéticos. Es interesante resaltar que Dulles comenzó la reunión después de haberse bajado del avión y después atribuyó su poca falta de razonamiento a la descompensación de su reloj biológico.

Reposo químico

Fue Hipócrates quien dijo que la regularidad era el primer paso para mantener una buena salud. El creía, como muchos sanadores modernos, que el segundo paso era el del reposo, pero no sólo un reposo físico sino también químico el cual es considerado mucho más importante. El reposo químico que él prescribía se lograba con la reducción de comida haciendo que el cuerpo se limpiara por sí mismo descargando los productos tóxicos que en él se habían almacenado. Pero el reposo del que Hipócrates hablaba no es sólo un ayuno total; en vez de esto se deben hacer ayunos cortos pero constantes los cuales son prescritos y aceptados con más facilidad. El primer reposo del programa diario de salud es el reposo entre la comida y el desayuno. Investigaciones han demostrado que la noche no es la mejor hora para que el cuerpo digiera y asimile grandes cantidades de alimentos. Un estudio hecho hace algunos años por el Doctor Grans Halberg, de la Universidad de Minnesota, a seis voluntarios se les dio sólo comida ligera al desayuno conformada por dos mil calorías. Los voluntarios continuaron con este régimen por una semana. A la segunda semana del experimento a los mismos voluntarios se les dio una comida idéntica con una diferencia; en vez de comer a la hora del desayuno ellos comieron en horas de la noche. Durante el régimen de la mañana, todos ellos perdieron peso, sin embargo durante el régimen nocturno, cuatro de los voluntarios ganaron peso y los otros dos perdieron peso pero no en la misma medida en que lo habían hecho durante el desayuno.[65]

Estos resultados tienen sentido ya que el cuerpo no necesita de las calorías extras durante la noche. Al comer menos a estas horas el cuerpo tiene la oportunidad de dormir y reposar de las sustancias químicas que son utilizadas para expulsar las toxinas.

Nutrición restringida

El reposo químico puede extenderse aún más con la posibilidad de obtener mejores resultados. En los años 40s el profesor A. H. Carlson y su colega F. Holzel dirigieron un experimento con ratas para estudiar los efectos del ayuno en su promedio de vida. Las ratas fueron alimentadas con una dieta de alta calidad nutritiva permitiéndole a las ratas comer tanto como ellas quisieran. La diferencia del experimento fue que las ratas de los distintos grupos participantes ayunaban en diferentes secuencias. El primer grupo ayunaba completamente día de por medio. El segundo grupo ayunaba cada tres días y el tercer grupo ayunaba cada cuarto día. El grupo de control tuvo la misma dieta que los otros tres grupos, excepto que este grupo no tenía ningún periodo delimitado de ayuno. En el grupo de control la longevidad de las ratas llegó a ocho cientos días, mientras que en los grupos que ayunaban la longevidad osciló entre 1.000 y 1100 días, es decir un veinte por ciento ó treinta por ciento más.[66]

Estudios posteriores en restricción de dietas han producido resultados dignos de ser mencionados. Por ejemplo numerosos estudios han indicado que la nutrición restringida (restricción de calorías) sin malnutrición en las ratas produce animales que son químicamente más jóvenes que la edad cronológica que ellas representan. Experimentos dirigidos en la Universidad UCLA por el Doctor Richard Weindruch y Roy Walford mostraron que las restricciones alimentarias tuvieron efectos rejuvenecedores en el sistema inmunológico...en la edad avanzada la habilidad del sistema inmunológico para distinguir entre células propias y de organismos extraños se reduce notablemente y el proceso de envejecimiento se caracteriza por reacciones autoinmunes así como en el debilitamiento para atacar a los cuerpos extraños y a las sustancias tóxicas. Esta capacidad se reduce en un 20-30 por ciento que se alcanza en la juventud y luego se reduce con la edad. Las restricciones alimenticias neutralizan estas dos tendencias. En experimentos hechos con ratas adultas, la restricción alimenticia en la edad adulta rejuveneció y mejoró dramática y sustancialmente el sistema inmunológico. La tendencia a las reacciones auto-inmunes se redujo también en gran parte. ¿Qué otros efectos tiene la nutrición restringida de calorías? Resultados preliminares con animales indican que las enfermedades como el cáncer, cataratas, sequedad de piel y enfermedades de riñones son encontrados con menos frecuencia en animales que han sido alimentados con restricciones calóricas que en aquellos alimentados en condiciones normales. Además no sólo hay menos enfermedad sino que ésta se tarda en aparecer.[67]

Buena nutrición

La restricción de calorías practicada con regularidad (rítmicamente) genera buena salud. No sólo el ayuno rítmico promueve la buena salud sino que el consumir los alimentos correctos juega también un papel importante en la buena salud. El Dr. Henry Bieler, pionero en el estudio de la nutrición, ha dicho que la sangre además de activar el funcionamiento del cuerpo físico juega un papel mucho más importante; incluso puede ser nuestra mejor medicina. El Dr. Bieler ha propuesto con vehemencia que la buena nutrición es un factor importante en contra de la enfermedad. El argumenta esto citando que a menudo se pasa por alto que el 80 al 85 por ciento de todos los tipos de enfermedades son controladas. Las enfermedades deben seguir su curso y cuando este termina, el paciente se recobra.[68]

Desde la década de los 70s se ha incrementado la discusión acerca de la comida en términos de riesgo/beneficio. Esto no es de sorprender ya que seis de los mayores asesinos en los Estados Unidos (enfermedades cardiacas, ataques al corazón, cáncer, hipertensión, diabetes y arteriosclerosis) están directamente relacionadas con la dieta.[69]

Aún con la abundancia de productos alimenticios, los norteamericanos rara vez aprovechan las ventajas de la comida nutritiva que tienen a su disposición. El Dr. Beigler afirma:

"Los norteamericanos sobreviven con comida sobreprocesada la cual es rociada con insecticidas, saturada con sustancias tóxicas y estimulantes como el café, el té, el alcohol, chocolate, bebidas colas endulzadas y finalmente con estimulantes dirigidos a una población cuyo bajo estado de salud a duras penas les alcanza para sobrevivir". Se estima que la comida rápida (comida con poco o casi ningún valor nutritivo) aporta alrededor del veinteseis por ciento de las calóricas consumidas hoy en día en Norteamérica. El Dr. Donald Davis, de la Universidad de California en Irvine, realizó un experimento en la que se alimentaron a un grupo selecto de ratas con una dieta que caracteriza la dieta de los Norteamericanos. La dieta incluía pan, azúcar, huevos, leche, carne asada, repollos, patatas, tomates, naranjas, manzanas bananas y café. El grupo de control fue alimentado con un contenido igual de calorías hecho con una dieta basada en "Purina Cat Chow" (alimento para gatos). Comparando a las ratas de la dieta basada en alimento para gatos con las ratas de la dieta "a la americana", los resultados fueron sorprendentes. Las ratas alimentadas con la dieta humana resultaron con promedios por debajo del grupo de control en cuanto a los porcentajes de salud y crecimiento. Como se puede, ver cualquier programa diseñado para mantener y promover la buena salud tiene que considerar el papel de la buena nutrición. La nutrición correcta se vuelve entonces un factor importante cuando se adoptan los programas de restricción de calorías. Con pocas calorías disponibles, lo que se come debe tener el máximo valor nutritivo posible.

A pesar que las necesidades individuales son diferentes, es importante considerar que lo que realmente los seres humanos necesitan en su dieta es estar saludables y que lo que se consuma no sea dañino para el organismo. Jane Brody nos dice: "El homo sapiens evoluciona en una dieta rica en carbohidratos

complejos y en fibra (desde comida con almidones hasta vegetales y frutas) y baja proteína animal".[71]

Este régimen alimenticio se encuentra años luz de la
moderna dieta americana la cual es alta en carne, llena de
azúcar procesada, baja en fibra, llena de grasas vacías nutri-
cionales, azúcar y alcohol. Es importante aclarar que cualquier persona que esté preocupada por recobrar la buena
salud o en mantenerla tiene que tomar nota para determinar
que es lo que consume el cuerpo y es entonces cuando se
tomarán medidas para retirar estos elementos que son dañi-
nos o que pueden afectar cuando son tomados en exceso.
Por otro lado tenemos que ser responsables y suministrar los
nutrientes esenciales, las vitaminas y las moléculas que nuestro cuerpo físico necesita. Nutricionistas especializados en
enfermedades moleculares han descubierto que cualquier
carencia o exceso en la dieta puede causar impactos negativos en la salud. Por ejemplo la hipoglicemia (baja cantidad
de azúcar en la sangre) es muchas veces producida por fenómenos psiquiátricos incluyendo la psicosis.

Comamos correctamente

En este capítulo expondré sólo en forma generalizada los
aportes que han hecho los investigadores sobre el tema de la
buena nutrición. Léalos, apréndalos y aplíquelos en su vida
diaria. Desarrolle un programa nutricional que esté a su
altura teniendo en cuenta su estilo de vida y su trabajo. Existen muchas variaciones que pueden ser aplicadas a todos
nosotros. La dieta estará conformada por una gran variedad
de comidas, y ninguna de éstas podrá ser mayor al 25 por
ciento del requerimiento diario de calorías. Si esto ocurre es
posible que su cuerpo se esté privando de algunos nutrientes
necesarios. Los llamados alimentos fortificados o suplemen-
tarios no son del todo sustitutos de las comidas naturales ya

que los aditivos químicos tienen que ser evitados al máximo; al igual que la sal, se debe disminuir el consumo de azúcar procesada, limitar la cantidad de alimentos grasosos, especialmente aquellos que provienen de la grasa animal. Coma frutas y vegetales crudos tanto como sea posible (la cocción destruye los nutrientes). También cómalos cuando tienen el mayor valor nutritivo. Procure consumir las frutas y verduras que se cultivan localmente y en las temporadas naturales de cosecha. Finalmente compre comida con frecuencia y a conciencia, escuchando las exigencias de su cuerpo y estómago. Escuchar a su cuerpo le ayudará a seleccionar los alimentos que contienen los nutrientes requeridos.

Los nutrientes suministran la energía y los materiales necesarios para el sostenimiento físico. El cuerpo físico está conformado principalmente por proteínas las cuales están consideradas como los nutrientes más importantes para el organismo. En países como Estados Unidos la cantidad de proteínas consumidas es mucho menor de las necesitadas. El problema de consumir demasiada proteína es que está asociada con grasas y calorías, las cuales vienen en cantidades demasiadas altas para mantener el cuerpo saludable. En vez de esto es aconsejable sustituir la proteína animal por complejos carbohidratos que a menudo son excelentes sustitutos. Se ha encontrado que los vegetarianos que sustituyen las proteínas animales por proteínas vegetales tienen baja presión sanguínea y mucha menos grasa y colesterol en su sistema que aquellos que comen carne.

Las proteínas están conformadas por aminoácidos; existen veintedos clases de aminoácidos en la naturaleza. Los seres humanos elaboran todos menos nueve. Los restantes son llamados aminoácidos esenciales y deben ser consumidos a través de alimentos. Si éstos aminoácidos hacen falta en la dieta, la persona no puede procesar las cientos de proteínas que son esenciales para la supervivencia. Lo importante no es la forma como las personas obtengan estos aminoácidos, lo realmente importante es consumirlos. La mayoría de las proteínas animales son completas, es decir contienen los nueve aminoácidos, pero existen diferencias con las proteínas vegetales. Las proteínas de las plantas generalmente son deficientes en el contenido de los aminoácidos esenciales, por eso para completar las proteínas existe una variedad de plantas que deben ser consumidas. Comer menos carne tiene mucho sentido. Una vez sustituidas las proteínas animales por proteínas vegetales es importante asegurarse que se consuman todos los aminoácidos requeridos con regularidad en la dieta.

Si no se consume carne con regularidad, ésta debe ser complementada con carbohidratos. La carne es un recurso importante de carbohidratos y al consumirse en pequeñas cantidades se estarán supliendo los aminoácidos que faltan en las plantas. Frijoles y granos en general son fuente importante de proteínas y pueden reemplazar la proteína animal sin consecuencias negativas. Como regla general se pueden obtener los veintidos aminoácidos que se necesitan combinando cualquier legumbre, como habichuelas, con maní, con granos como el trigo, el arroz, la cebada, la avena u otras semillas además de girasoles, calabazas, etc.

El consumo diario de proteínas debe ser de un 10 a 15 por ciento de las calorías diarias según el Ministerio de Salud (RDA). El principal recurso de calorías, es decir el 55 a 70 por ciento debe provenir de carbohidratos complejos. Por años éstos han tenido mala reputación. Se ha pensado que los alimentos llenos de almidón son consumidos sólo por personas con pocos recursos y que también causan obesidad. Pero este no es el caso. Las patatas por sí solas no hacen engordar a las personas, es la mantequilla o la crema usada para aderezar las que en realidad engordan por ser éstas

agentes generadores de altas calorías con poco valor nutritivo. La patata (la papa), la pasta, los granos, el pan de levadu-
ra y las habichuelas son importantes recursos de nutrientes.
La patata es una mina de oro nutricional: provee el 5 por
ciento de la cantidad de proteína requerida, el 5 por ciento
de hierro, el 8 por ciento de fósforo, el 10 por ciento de tia-
mina, el 11 por ciento de niacina y el 50 por ciento de la
famosa vitamina C que necesita una persona diariamente (si
se es consumida con la piel). Los carbohidratos complejos
son el recurso más importante de fibra en una dieta. A pesar
de que la fibra no es una sustancia nutritiva, es un ingrediente esencial en el régimen alimenticio.

Los carbohidratos son los mayores generadores de energía
para el cuerpo. El problema es que en la sociedad de consumo se ingieren muchos alimentos procesados los cuales
están compuestos por azúcar refinada, alta cantidad de calorías y bajo contenido de fibras y nutrientes. Nuestra adicción
al dulce no puede ser mantenida de manera indefinida sin
causar algún riesgo. En promedio, los Norteamericanos con-
sumen un tercio de una libra de azúcar diariamente y los
riesgos en términos de salud son demasiado altos. Es importante tener en cuenta este hecho relacionado con el azúcar; al
suministrar alimentos con almidón el cual genera energía, la
persona no necesita azúcar en su dieta. El problema con el
azúcar es que suministra calorías vacías las cuales no tienen
ningún valor nutricional y como se sabe el cuerpo no necesita de esta energía extra. Se sabe además de los efectos negativos que tienen las calorías en la obesidad y en la longevidad,
pero también hay evidencias que sugieren que una dieta alta
en azúcar puede generar problemas de diabetes en personas
que tienen la predisposición a esta enfermedad. No hay ninguna razón para que las personas tengan exceso de azúcar, y
menos azúcar procesada, en la dieta.

El tercer factor nutritivo es la grasa la cual se obtiene de recursos vegetales y animales. Los recursos vegetales son por lo general más benignos y se cree que se absorben con más facilidad por el cuerpo y son menos riesgosos para la salud que la grasa animal. La grasa concentra muchas más calorías en comparación con cualquier otro nutriente y se estima que más del 40 por ciento de las calorías provienen de ella y por supuesto esta no es una situación saludable. Los carbohidratos complejos y las proteínas suministran caloría por caloría, en porcentajes mucho más altos que los nutrientes esenciales, vitaminas y minerales. La grasa tiene más dedos veces la cantidad de calorías que cualquier proteína o carbohidrato tiene por gramo. Las grasas, especialmente las animales, están asociadas con enfermedades que ponen en peligro la vida como las cardiacas, obesidad y enfermedades del hígado; además, la grasa extra en la dieta es peligrosa porque su combinación con otros alimentos hace que la digestión se retrase y como resultado de esto el metabolismo es más lento y las células reciben poco alimento o en muchos casos no reciben ninguno.

Una interesante investigación hecha por la Marina de los Estados Unidos, confirmó la relación que existe entre las grasas y las enfermedades. En 1977 la Marina estudió la relación entre las dietas y especialmente de la cantidad consumida de grasa con las enfermedades físicas y el bienestar de la persona. El estudio comparó los registros de soldados que habían prestado servicio en Vietnam, con soldados que habían sido capturados y habían trabajado en los campos de prisioneros por más de cinco años. Los descubrimientos mostraron que los soldados capturados estaban mucho más saludables que las personas del grupo de control. La Marina atribuyó su buena salud a la baja cantidad de grasa, a la dieta de arroz con poco colesterol, a los vegetales y ocasionalmente al pescado el cual era suministrado por sus captores; no había además alcohol, café y muy poco tabaco en sus dietas, además en su régimen diario se incluía un programa vigoroso de ejercicio físico.

El ejercicio y salud

El ejercicio es otra parte esencial de un régimen diario para mantenerse saludable. El ejercicio puede ser cualquier actividad incluso caminar hacia la esquina, limpiar la casa, escalar montañas o deslizarse por las olas. Hay actividades físicas que se adaptan a cada estilo de vida y cuando son practicadas con regularidad y en cantidades apropiadas son importantes para el bienestar y la salud. Hay que recordar que los seres humanos evolucionaron como cazadores y recolectores y en tiempos anteriores las personas realizaban toda clase de actividades físicas; éstas no eran necesariamente para sobrevivir sino que mantenían en buen estado el cuerpo físico operando a su máxima capacidad. Jane Brody nos dice: "El ejercicio es la mejor manera que conozco para obtener algo por nada (o casi por nada). El ejercicio es de cualquier manera un tónico para el cuerpo y para la mente. Los beneficios físicos y psicológicos del ejercicio pueden tener efectos mayores para reducir la necesidad de cuidado médico y de mejorar la calidad de vida —su propia vida—sin importar su edad".[73]

Jane Brody no es la única que fomenta el ejercicio. En el año 1700, John Dryden escribió estos versos:

> Mejor es cazar en los campos para curarse fácilmente.
> Para alimentarse el doctor receta tragos repugnantes.
> Pero la verdadera cura es el ejercicio.
> Dios no hizo su trabajo para que el hombre lo des
> compusiera.[74]

Los investigadores modernos han descubierto que el ejercicio regular es un generador de salud con beneficios desconocidos en tiempos pasados. Evidencias indican que el ejercicio de forma regular reduce el riesgo de ataques cardiacos, mejora la distribución de oxigeno a través de todos los tejidos del cuerpo e incrementa la capacidad de la persona para trabajar. Las personas que realizan actividades físicas de forma vigorosa con regularidad han encontrado que tienen niveles muchos más bajos de colesterol que aquellas personas que son sedentarias, ya que así mejoran las condiciones y la habilidad de la sangre para remover los coágulos que causan obstrucciones en el corazón, pulmones y en el cerebro. Como beneficio adicional, el ejercicio puede ser una herramienta importante en el tratamiento de la diabetes. Su ausencia, otro lado, hace que los huesos pierdan calcio incrementando su susceptibilidad a las fracturas y a medida que la persona envejece los cambios aumentan hasta que se desarrolla la osteoporosis, es decir la pérdida de tejido óseo. El ejercicio regular intensificará el sentido de bienestar, mejorará el tono muscular, la piel se vuelve mucho más saludable, mejora la concentración y la autoimagen.

Permanezca saludable todos los días

Cualquier régimen diseñado para promover y mantener buena salud tiene que tomar en cuenta la compleja naturaleza humana. Se debe promover el balance y la armonía en todos los cuatro planos, mantener saludable el sistema de energía y promover además actitudes positivas y amistosas. Para comenzar se deben desechar todas aquellas cosas en su ambiente que tengan algún impacto negativo en la salud. Ellas pueden ser la falta de confianza en usted mismo, las relaciones negativas o las adicciones a químicos peligrosos.

Es importante hacer una lista de las cosas que se creen tienen influencia negativa en su vida y que contribuyen a las enfermedades. Debe dejar de pensar en ellas y en vez de transmitir pensamientos negativos hay que transformarlos en pensamientos positivos por medio de la programación. Para esto se usarán las técnicas que han sido estudiadas en los capítulos anteriores. Luego escoja todas aquellas cosas que se pueden cambiar con poco o ningún esfuerzo y comprométase a cambiarlas inmediatamente. Después escoja todas aquellas situaciones que son difíciles de cambiar y reprograme su ser usando afirmaciones y visualizaciones. Finalmente, para todas aquellas cosas que no se pueden cambiar, encuentre alguna forma para cambiar su relación con ellas. Por ejemplo, si se conduce al trabajo y constantemente se encuentra en embotellamientos de tráfico que lo distraen, distráigase escuchando una cinta que le enseñe otro idioma. Evite las situaciones estresantes y a las personas que lo producen, organice su tiempo y aléjese de ellos lo más rápido posible. Escuche a su cuerpo cuando le da señales de advertencia, como dolores de cabeza y de espalda. Dedíquele tiempo a las actividades que le reducen el estrés diario y lo hacen sentir bien. Aún si sólo se tiene unos minutos disponibles, practique la respiración yógica y regrese a su santuario.

Pero la mejor manera de estar saludable depende de usted. Hay que ser consistente. Inicie cada día con el balanceo de chakras y realice meditaciones cortas. veinte a treinta minutos son suficientes para comenzar el día de manera correcta y si pone atención después de su meditación, descubrirá que después de todo es fácil alcanzar los niveles alfa-teta. Use parte de sus meditaciones para afirmaciones y visualizaciones. Utilice algunos minutos para resolver problemas menores y dedique más tiempo a la reprogramación. Permanezca el tiempo restante en su santuario. Después tome un desayuno nutritivo y abundante; en lo posible el desayuno tiene que ser la comida más importante del día. Si tiene algún rato libre entre el desayuno y el almuerzo, practique la proyección mental. Si tiene la oportunidad de caminar, practique el siguiente ejercicio el cual lo llamo "caminata con respiración yógica". A medida que camina inhale profundamente por cuatro pasos (tome un profundo respiro yógico) y luego exhale profundamente por otros cuatro pasos. Continúe respirando con este ritmo sin separar la inhalación de la exhalación hasta que se alcanza el estado alfa; acto seguido se combinan las afirmaciones con la respiración yógica y reprograme mientras camina. Puede iniciar una inhalación afirmando lo siguiente: "la energía de curación fluye a través de mí", y luego diga en la exhalación: "me estoy curando en todos los niveles". Utilice diferentes afirmaciones dependiendo del estado de ánimo. El almuerzo debe ser la segunda comida más importante del día y debe tratar de almorzar siempre a la misma hora ya que la regularidad en las comidas es la clave del reloj biológico para mantener los ritmos del cuerpo. Después del almuerzo es importante relajarse, tomar una siesta o realizar alguna actividad que le haga sentir bien.

El ejercicio diario es una parte importante para la buena salud; por eso cuando tenga la oportunidad haga ejercicios. Elabore un horario semanal de ejercicios. Para alcanzar un nivel de salud óptimo es importante ejercitar con intensidad al menos tres veces por semana; sin embargo para aquellas personas que nunca han practicado ningún ejercicio o para aquellas mayores de cuarenta años hay que comenzar primero que todo con una visita al doctor y realizar una prueba de estrés. Esta puede indicar en que condiciones se encuentra el sistema cardiovascular. Siempre inicie sus ejercicios lentamente y caliente el cuerpo antes y después de cualquier actividad física.

Consulte además a un experto en la materia antes de iniciar un programa de ejercicios o infórmese a través de libros relacionados con este tema ya que ellos le sugerirían qué se puede y no se puede hacer.

El tiempo entre el trabajo y la comida es perfecto para dejar volar la mente y realizar meditaciones más largas. Trate de dedicar una hora antes de la comida para la meditación y la curación. Durante el proceso de meditación, trabaje con metas a largo plazo utilizando afirmaciones y visualizaciones y practicando ejercicios de respiración. Finalmente practique las técnicas de curación en ausencia y visite su santuario permaneciendo allí por un tiempo deseado. Recuerde que el sanar a otras personas lo ayudará a sanarse a sí mismo. Si se encuentra al final del día terriblemente fatigado debido a la presión del trabajo, o porque los niños lo enloquecen, comience a meditar balanceando los chakras y con la respiración rítmica. Cualquier técnica lo llevará al nivel alfa; la meditación vespertina es el tiempo perfecto para reunirse con la familia, no sólo porque los une si no porque las meditaciones y las sanaciones se hacen más profundas debido a la dinámica del grupo. La cena debe ser el alimento menos importante o abundante del día. Recuerde que el reposo químico es necesario después de la cena y trate además de ayunar un día a la semana. Evite los estimulantes y descanse cada noche durmiendo lo suficiente. Las actividades nocturnas dependen de cada persona y la única advertencia es que las actividades adictivas y excesivas son nocivas para la salud. Hay que tratar siempre de estar en balance y como mi maestro siempre lo decía: "Pon atención, recuerda quien eres y sésiempre agradecido".

Notas

1. Shri P. Swami, (traducción por) *The Geeta, The Gospel of the Lord Shri Krishna*, Londres, Inglaterra: Faber and Faber, 1935, p. 73.

2. Rabindranath Tagore, *Songs of Kabir*, Nueva York, NY: Samuel Wieser, Inc., 1915, p. 23.

3. C. I. Scofield, ed., Santa Biblia, Versión Reina-Valera, Nueva York, NY: Oxford University Press, Heb. 5:6.

4. Three Initiates, *The Kybalion: Hermetic Philosophy*, Chicago, IL: Yoga Pub. Soc., 1912, p. 26.

5. Ibid., p. 28.

6. Ibid., p. 30.

7. Ibid., p. 32.

8. Ibid., p. 35.

9. Hippocrates, *Breaths*, Libro Uno.

10. *The Kybalion*, p. 38.

11. Santa Biblia, Gálatas 5:7.

12. *The Kybalion*, p. 39.

13. Santa Biblia, Isaías 6:13-14.

14. Ibid., II Timoteo 1:7.

15. Vatiswarananda, *Adventure in Religious Life*, Madras, India: 1959, p. 263.

16. Dr. Carl O. y Stephanie Simonton, *Attitudes of the Cancer Patient*, Laredo, Texas: Silva Mind Control International, Inc.

17. Santa Biblia, II Reyes 4:17-23, 32-36.

18. Sheila Ostrander y Lynn Schroeder, *Superlearning*, Nueva York, NY: Dell Publishing Co., 1979, p. 3.

19. Santa Biblia, Mateo 17-20.

20. *The Geeta*, p. 38.

21. *The Kybalion*, p. 28.

22. Alice Bailey, *Esoteric Healing*, Nueva York, NY: Lucis Publishing Co., 1953, p. 83.

23. Hugh Lynn Cayce, *The Edgar Cayce Reader No. 2*, Nueva York, NY: Warner Books. 1969, p. 121.

24. Santa Biblia, Juan 1: 1-3.

25. Santa Biblia, Lucas 18:17.

26. D. C. Lau, (traducción por) *Tao Te Ching*, Nueva York, NY: Penguin Books, XLVII, vs. 107, 1963, p. 108.

27. P.D. Ouspensky, *The Fourth Way*, Nueva York, NY: Random House Inc., 1959, p. 8.

28. Santa Biblia, Hebreos 11: 1.

29. Ibid., Hebreos 11:6.

30. *Edgar Cayce Reader No. 2*, p. 62.

31. Santa Biblia, Proverbios 22:24-25.

32. *The Kybalion*, p. 43.

33. Emile Coue, *Self Mastery Through Conscious Auto-Suggestion*, Boston, MA: Allen y Unwin Inc., 1922.

34. Lawrence Cherry, "The Power of the Empty Pill", *Science Digest*, Vol. 89, No. 8, 1981, p. 116.

35. *Esoteric Healing*, p. 141-142.

36. Santa Biblia, Juan 7:38.

37. Santa Biblia, Romanos 5:5.

38. *The Kybalion*, p. 43.

39. Chitrita Devi. *Upanisads For All*, Ram Nagar, Nueva Delhi, India: S. Chand y Co. Ltd., 1973, Kathopanisad 14, p. 40.

40. Yogi Ramacharaka, *Science of Breath*, Chicago, IL: Yogi Publication Society, 1904, p. 28.

41. Eugen Herrigel, *Zen in the Art of Archery*, Nueva York, NY: Vintage Books, 1953, p. vi.

42. Santa Biblia, Jeremías 33:3.

43. *The Geeta*.

44. Carl y Stephanie Simonton, James Creighton, *Getting Well Again*, Nueva York, NY: Bantam Books, 1978, p. 8.

45. S. G. J. Ouseley, *The Power of the Rays*, Mokelumne Hill, CA: Health Research, 1957, p. 24.

46. S. G. J. Ouseley, *The Science of the Aura*, Romford, Essex, Inglaterra: L. N. Fowler y Co. Ltd., 1949, p. 22.

47. Edna St. Vincent Millay, "Renascence", *Collected Lyrics*, Nueva York, NY: Harper y Row, 1917.

48. *Upanisads For All*, Svetasvataropanisad, vs. 11-13, p. 121-122.

49. Santa Biblia, Epístolas 2: 10.

50. Campbell Holms, *The Facts of Psychic Science and Philosophy*, New Hyde Park, NY: University Books Inc., 1969, p. 478.

51. Santa Biblia, Santiago 5:16.

52. Ibid., Juan 9: 1-7.

53. Ibid., Marcos 5: 35-30.

54. *Breaths*, Libro Uno.

55. *Edgar Cayce Reader No. 2*, p. 67.

56. Possiduis, *Life of St. Augustine*, 29 en Deffa, Early Christian Biography, 1952, p. 111.

57. *The Kybalion*, p. 30.

58. Santa Biblia, Romanos 5:5.

59. Santa Biblia, Juan 7:38.

60. *The Kybalion*, p. 39.

61. Santa Biblia, Mateo 6:22.

62. *Upanisads For All*, Svetasvataropanisad vs. 7, p. 99.

63. Edward Taylor, *The Reflection: The Mentor Book of Major American Poets*, Nueva York, NY: Mentor Books, p. 43.

64. Gay Luce, *Biological Rhythm in Human and Animal Psychology*, Nueva York, NY: Dover Publications, p. 10.

65. Ibid., p. 11.

66. Roy Walford, *Maximum Lifespan*, Nueva York, NY: Avon Books, p. 100.

67. Ibid., p. 103.

68. Dr. Henry Bieler, *Food Is Your Best Medicine*, Nueva York, NY: Ballantine Books, p. 18.

69. Karen MacNeil, *Whole Foods*, Nueva York, NY: Vintage Books, p. 22.

70. *Food Is Your Best Medicine*, p. 27.

71. Jane Brody, *New York Times Guide To Personal Health*, Nueva York, NY: Avon Books, p. 1.

72. *Whole Foods*, p. 33.

73. *New York Times Guide To Personal Health*, p. 85.

74. John Dryden, *Epistle to John Dryden of Chesterton*, línea 92.

Índice

abdomen 45, 70, 80, 117, 132
Abraham 7
Academia Americana de Medicina Familiar 5
aceites 147
ACTH 197
actitud 2, 33, 37, 42, 82, 85, 177, 196
actitud negativa 37
Adriano 148
afirmaciones 18, 34, 37-38, 45, 47, 77-78, 152, 172, 186-187, 212-214
aire 20, 46, 68-71, 121, 133, 179
alfa 39-42, 44-45, 43-44, 46-47, 49, 51, 76-79, 90, 113, 116, 119, 125, 133, 152, 179, 213-214

alimento 5, 16, 24, 29, 31, 204, 209, 214
alma 23-24, 31, 60, 119, 129, 189
alopática 2
alquimistas 14
amarillo 58, 60, 92, 109-110, 124-125, 135
América 43
aminoácidos 206-207
amor 3, 9, 12, 16, 26, 29-31, 36-37, 59, 61, 67, 82, 84, 91, 110, 119-121, 128, 135, 151, 154, 161, 169, 174-175, 186, 190; agape 29; eros 29-30; filio 29-30
análisis 27, 43, 150, 178

anemia 118

angina pectoral 43

animal 12, 47, 51-53, 205-207, 209

ansiedad 12, 36, 44, 46, 64, 68, 73, 113, 147, 169-170, 187

Antiguo Testamento 12

Apóstol Juan 25

Apóstol Pablo 10, 144

armonía 1-2, 5, 10, 13-14, 34, 69, 91, 110, 126-127, 129, 137, 147, 149, 195, 198, 211

arterias mamarias 43

arteriosclerosis 203

artritis 118, 177

astral 6, 21

ataque cardiaco 57

Atenas 4

aura 17, 23-24, 56, 63, 84-86, 95, 103-119, 123, 127-129, 133-134, 136, 148, 153, 157-158, 165, 167, 171-172, 179-182; espiritual 103-104; etérica 104-106, 109, 112-113, 123, 127, 148, 157, 165, 167, 171, 179-181; aura física 109, 112; aura mental 24, 103-104

aureola 108

autocompasión 34

autocuración 67, 97-98, 125-129

autoexpresión 68, 170

automejoramiento 187

autorealización 190

axón 39

ayuno 201-203

azúcar 59, 204-206, 208

azul 58-60, 108, 111, 124-125, 135

Bailey, Alice 23

balanceo de chakras 212

barro 147, 189

basketball 117-118

bebé 94

Bhagavad Gita 2, 20, 66, 82, 190

Bieler, Henry 203

bloqueo 171

boca 15, 45, 67-69, 81, 113, 132, 167

Brody, Jane 204, 210

brujos 149

Budismo 16

café 49, 56, 92, 109, 111-112, 204, 210

Caldea 149

calor 15, 148, 180

campo 56, 84, 96, 114, 148, 160, 162, 199; campo del aura 56, 84, 148

"Cancelar, cancelar" 36

cáncer 13, 34, 96-98, 116, 203

carbohidratos 59, 204, 206-209

carga magnética 47

caridad 82

carisma 75, 154, 169

Carlson, A. H. 201

Cartulina 106

cavidad torácica 70

Cayce, Edgar 24, 33, 76, 150

células 39, 73, 85, 98, 126, 197, 202, 209; células cancerosas 98; células cerebrales 39, 197; células nerviosas 39

cerebelo 61

cerebro 25, 39-40, 44, 197, 211

chakra 18, 23, 55-64, 67-68, 70, 73, 81-82, 84, 86, 91, 95-96, 99, 103, 106, 108, 111, 121-131,

133-137, 147, 149, 153-154, 156, 158, 162-164, 171-172, 175,180-182, 212, 214; de corona 61-62, 81, 86, 95, 1111, 118, 124, 137; de la frente 60; del corazón 59-60, 67, 82, 84, 91, 106, 108, 118, 120-121, 123, 125, 128, 133, 135-137, 154, 158, 163-164, 180-181; esplénico 58; naval 58; raíz 58; chakra sacral 58

China 149

ciego 147

clarividencia 49, 60, 116, 119

clarividente 18, 56, 59, 105, 116

coágulos 94, 211

color 18, 49, 56, 58-61, 92, 99-101, 103-105, 107-113, 116, 118-119 124-128, 131, 133, 135-136, 147, 153, 156, 167, 181-182; color áurico 108-109; color de curación 101, 105, 109-110, 118, 124-126, 128, 131, 134-136, 156, 167; color negativo 109, 113; color oscuro 92, 100, 104, 108-110, 116, 124

columna vertebral 53, 58, 63, 92

compasión 26, 82, 111, 119-121, 128, 135, 154-155, 169

comunidad médica 96

concentración 26, 40, 51, 63, 66, 80, 135, 156, 163, 165, 211

conciencia 3, 5, 12, 18, 20, 25, 28, 36-37, 39, 44, 47, 49, 51-53, 59, 66, 75-77, 82, 87, 89-90, 96, 113, 116-117, 124, 126-127, 129, 134, 143-144, 156, 158, 170, 172, 174, 176-177, 180, 182, 185-186, 188, 206; conciencia animal 52; conciencia cristiana 113

congestión 69

contemplación 26-28, 40, 169-172

contemplar 16-17, 20, 26, 75

corazón 3, 26-27, 43, 47, 52, 56, 59-60, 66-67, 82, 84, 91, 102, 106, 108, 110-111, 114, 118-121, 123, 125, 128, 133, 135-137, 154-158, 161, 163-164, 171, 176-177, 180-182, 188, 203, 211

cordón 91, 135

correctamente 67, 69, 73, 113, 199, 205

Coue, Emile 35

creencias 11-12, 14, 24

cristiana/o 6, 113

Cristo 25, 144, 149, 179

cuerdas 63, 114

cuerpo 1-4, 6, 9, 13-15, 17-18, 20-21, 23-25, 33-36, 42, 44-47, 52-53, 55-56, 58, 60-62, 64, 66-68, 70, 73, 78-82, 84-86, 89-93, 95-98, 100, 102, 104, 106, 108-109, 112-114, 116-119, 120-121, 123, 125-129, 132-137, 146-148, 152-165, 167, 169, 171-172, 174-177, 179-181, 185, 196-197, 199-201, 203, 205-206, 208-213; cuerpo espiritual 24; cuerpo etérico 21, 23-24, 55, 79, 85, 92, 100, 104, 146, 153, 176; cuerpo mental 23-24, 34, 85, 96, 100,104, 146

cuidado 210

cultos 149

curación empática 152, 173-183

curación en ausencia 18, 51, 56, 60, 75-87, 89, 91, 93, 119, 131-137, 143-149, 152, 156, 158, 170, 172-173, 179-180, 185-186, 214

curación espiritual   1-3, 6-7, 11,
17, 21, 24-26, 38, 42, 44, 53,
55-56, 59, 61, 85, 118, 144,
146, 152, 169-170, 185, 195
curación y los chakras   55-57,
86, 99, 103, 118-119, 123-124,
163, 181

Davis, Donald   204
dedos   80, 86, 102, 106-107, 113,
157, 180, 209
dentritas   39
depresión   73
deseos   14, 24, 109, 165, 187,
192
despolarización   165
devoción   161
Dharma   28, 190-191, 193
diabetes   203, 208, 211
diafragma   67, 70-71
diagnóstico   17, 50, 91-92, 97,
99, 103-119, 131, 133-134, 180
diagnóstico psíquico   50, 119,
131, 133
Diacinina   105
diestra/o   126, 163
doctores   56, 148, 178
dolor   9-10, 41, 43-44, 71, 148,
163, 177-179, 181, 187, 189,
192, 212
dormir   64, 160, 178, 196, 201
drogas   43, 189
Dryden, John   210
dualidad   10, 31-32, 161, 173
duda   12, 38
Dulles, John Foster   200
durmiendo   214

Edad Media   148-149
efecto placebo   42-44
Egipto   7, 149, 200
ego   20, 77, 82, 159, 177, 185-
193
egoísmo   109, 151, 190
Einstein, Albert   38
ejercicio   38, 46, 49-50, 57, 63,
68, 70-71, 106, 210-211, 213
eléctrico   39, 162
electrodos   40
electroencefalograma   39
Elkes, Joel   5
embarazo   118
emociones   6, 10, 17, 36, 45, 52,
55, 67-68, 73, 82, 100, 104,
109, 118, 132, 146, 161
empatía   52, 120, 129, 134, 150,
161, 174, 182
energía magnética   126, 163-
165, 180
enfermedad mental   13, 33-38,
40-45
enfermedades cardiacas   203,
209
engordarse   207
entrega   27, 31, 77, 123, 174-
175, 192
enzimas   59
esclavo   192
esfuerzo   36, 38, 40, 47, 81, 144,
156, 212
espectro de luz   99, 103, 110
estilo de vida   2, 4, 14, 100, 104,
148, 205, 210
estómago   44, 59, 70, 206
estrés   4-5, 14-15, 41, 46, 90,
196-197, 199, 212-213
estudiantes de medicina   13
éter   35, 65
exhausto   160

falta de control 24
familia 13, 214
fe 19, 30-32, 37, 148, 151, 175, 177, 179, 192
felicidad 14, 41, 110, 130, 150, 191-192
femenina 167
fibra 205, 208
fuego 66, 130
fuerza 15, 17, 29, 37, 39, 46, 51-52, 58, 61, 63, 65-67, 69, 73, 110, 118, 133, 135, 144, 153-155, 171, 175, 188, 191; fuerza de vida 51-52; fuerza vital 58, 63, 65-66, 69
fumadores 73
fumar 73

Gálatas 10
género 10, 26, 28, 161
glándula pineal 61
glándula pituitaria 60
glándulas suprarrenales 58
gónadas 58
griega/o 7, 29, 148
gris 92, 112
gula 189

Halberg, Frans 201
hemorragias 94, 146
Hermes 7
Hermético 149, 153
Hindúe 6-7, 61
Hinduismo 61
hipertensión 203
hipnosis 42
Hipócrates 9, 148, 198, 200-201
Holms, Archibald 148
Holzel, F. 201
hombros 45, 70-71, 80, 117, 132, 165, 167, 181

homeopatía 152
homeopática/o 2
hormonas 60
huevo 23, 129

ideas 23, 34, 111
identidad 42, 174-175
identidad personal 174
imágenes negativas 36, 185
imaginación 12, 35-38, 44, 49
imaginación creativa 38, 44
imposición de manos 145, 147-152, 154-160, 162-163, 169, 173, 179, 185
incurables, casos 96
India 149
inflamación 68-69
inspiración 41, 111
insulina 59
interpenetración 21
intuición 49-50, 124, 133, 143-145, 147, 188
Irlanda 148
Isaías 12
Isis 149

Jesús 7, 19, 144, 147-148
joyería 149
jugar 148, 160
Jung, C. G. 76

Kabir 3
karma 10, 188, 190
karma yoga 190
Kathopanisad 66
Krishna 190
Kilner, Walter 105
Kybalian 7

Lancet 4
láser 121
ley 9-10
libreta 198
líquido 71, 73
loto 3, 61-62, 70
Luce, Gay 95, 198

magnética/o 47, 126, 147, 162-165, 169-170, 180
magnetismo 162-163
maná 16
Marina de los Estados Unidos 209
masculino 10, 27, 117, 161
Masones 149
Mateo 169
Maya 7
meditación 26, 41-43, 45, 51-52, 64, 77-79, 87, 91, 98, 102, 106, 143, 145, 149, 162, 187, 212, 214
meditación y curación 78, 143, 145, 149, 214
médula oblongata 60
Melquisedec 7
membranas mucosas 68
memoria 28, 73, 200
meridianos 23
metafísica/o 6, 14, 36, 152-153
microbios 5
miedo 11-16, 18, 35-37, 41, 112, 191-192
Millay, Edna St. Vincent 119
muñeca rusa 21
músculos 35, 43, 45-46, 67, 70-71, 81, 90, 94, 97, 132-133

naranja 58, 108, 124, 135
negro 92, 101, 105, 108-109, 111-112
neolítico 149
nervios 64, 162
nervioso 109, 159, 170
neti 36
Newton, Sir Isaac 38
niñez 17, 24, 27, 152
niño 12, 15-16, 28, 68
Nuevo Testamento 12, 59, 82, 147-148
nutrición 201-205
nutrientes 205-206, 208-209

obesidad 207-209
odio 9, 36, 109
Ohm 7, 63-64
ojos 2, 15-16, 43-44, 54, 62, 70, 81, 87, 89, 96, 101-102, 105-106, 108, 114, 119, 124-129, 131, 137, 146-148, 158, 165, 169, 171-172, 180-182, 186
Olaf 148
ondas cerebrales 41, 44
oración 43, 162
órganos reproductores 58
Osiris 149
Ouspenky, P. D. 28
oxígeno 66, 70

páncreas 58-59
parálisis 79
pases 113, 157, 167-169
patata 208
patrones 35, 39-40, 44, 196, 198
paz 37, 46, 110, 130, 148, 192
pecho 43-45, 70, 80, 117, 132, 155
pegante 93

péndulo 9

pensamientos negativos   12, 24,
   34-37, 39, 212

Pentecostales 149

personalidad 33-34, 52, 58, 108,
   112, 188-189

piel 85, 95, 114, 123, 129, 203,
   208, 211

Pirineos 149

plaga 148

Platón 25

playa 160

plenitud 50-52

plexo solar 58, 67, 70, 91, 135

polarización 18, 117, 152, 161-
   172, 175, 181-182

polarización negativa 117

posición loto 62, 70

Posidius 150

prana 17-18, 51, 55, 58, 63-73,
   75, 80, 85, 99-100, 103-104,
   118, 120-121, 123, 132, 144,
   153, 159-160, 162-163, 169-
   170, 175-177

pranayama 65-66, 175

presión sanguínea 45, 206

principio de correspondencia 8,
   21, 29

programa 5, 97, 197-198, 201,
   204-205, 210, 213

programado 35

proteína 205-209

proverbios 35

proyección mental 46-47, 49-
   51, 53, 76-77, 79, 89, 176, 213

proyectiles 98

prueba de estrés 213

pubertad 42, 59

pulmones 52-53, 67-68, 70-71,
   73, 92, 178, 211

purificación del chakra 171-172

quiropráctica/o 2

rabia 10

Ramacharaka 69

rayos 18, 59-60, 84-85, 95, 118-
   128, 135-136, 149, 157, 167,
   178; de colores 18, 118, 128,
   136

realización 192

recargando 84, 86, 95, 126, 128-
   129, 136, 157

recargar 127, 137, 158, 160, 182

recordar 16-17, 21, 27, 29, 52,
   63, 68-69, 75, 85, 134, 145,
   148, 156, 159, 174, 196, 210

récords Akashic 76

recuerdo 28-29

regularidad 57, 71, 198-200,
   203, 207, 210-211, 213

relación 6, 21, 23, 25, 30-31, 77,
   95, 177-178, 188, 193, 195,
   199, 209, 212

relajación 40-41, 46, 62, 80, 84,
   96-98, 107, 132-133, 170

relajado 36, 44, 51, 54, 62-64,
   78, 81, 87, 90, 96-97, 102, 106,
   113, 124-126, 128-129, 132,
   137, 148, 151, 158-159, 164,
   172, 183, 186

relajando 79

relajar 45, 70, 78-79, 120, 132,
   169, 179

reposo 200-201, 214

reprogramación 35, 37-38, 46,
   212

resorte 165, 181

respiración 35, 43, 45-46, 63,
   65-73, 77-78, 80, 84, 102, 106,
   113, 119-121, 125-128, 132-
   135, 154-155, 157, 162, 165,
   167, 172, 175-176, 179-182,
   187, 212-214; respiración

abdominal 70; respiración completa 67, 70-71, 132; respiración fluida 71; respiración media 70-71; respiración nasal 70; respiración por la boca 67-68; respiración yógica 69-70, 72-73, 78, 102, 106, 113, 119, 125, 127-128, 132, 154, 172, 179-180, 187, 212-213
respirando 44, 47, 49, 71, 90, 119, 131, 133, 164, 167, 171, 213
reunión 190, 192, 200
Revolución Industrial 149
riñón 58, 92
ritmo 9, 39, 43, 68, 70-71, 165, 180, 182, 198-200, 213
roca 49-50
rojo 58, 108-111, 124, 135
Rosacruz 149

sacerdote 7
sacrificio 82
saliva 97, 147
San Agustín 150
San Patricio 148
Sandwich, Earl de 148
sangrado 45
sangre 4, 59, 118, 148, 203, 205, 211
Sánscrito 7, 17, 55, 65
Santa Biblia 11, 27, 31, 78, 149, 154, 189
santa/o 13, 14, 20, 47-48, 104, 148
santuario 46-47, 62, 81, 91, 102, 106, 116-117, 120, 133, 212, 214
sarcófago 149
Schweitzer, Albert 43

sentidos 20, 23, 27-28, 38, 46, 49-52, 82, 92
separación 5, 32, 42, 68, 187-189, 192
separado 21, 24, 51, 159, 188, 192
Serapis 149
servicio 27, 62, 190, 193, 209
sexo 10, 189
sexto sentido 49
shamanes 14, 149
Siloam 147
Silva, José 36, 44
símbolos 117-118
Simington, Carl 13, 96-98
sincronización 165
sistema de energía 45, 80, 85-86, 92, 114, 118, 124, 137, 153-154, 156, 159, 171, 195, 197, 211
sistema inmunológico 4, 59, 202
sistema nervioso 159
sistema respiratorio 68-69, 80
sol 58, 61
somnoliento 148
sueño 41, 79, 199
sugestión 42, 44
suicidarse 13
Suzuki, D. T. 76

tacto del rey 148
tamaño 49-50, 59, 85, 98, 108, 118-119
Tao 28
técnica de toque de manos 157
tejido linfático 59
temperamento 109, 112, 190
temperatura 45, 49, 69, 92, 110-114

tensiones   81, 177

teología   143

Teosofistas   149

tercer ojo   47, 50, 60, 111, 118-121, 123, 125, 128, 134-137, 158

textura   49, 86, 92, 108, 113, 116, 119, 133

Thomas, Caroline   13

Tierra   58, 119, 147

Todo   1, 5-10, 15-17, 21, 23-27, 29-31, 37-38, 41, 44-46, 49, 61, 65-67, 70-71, 73, 77-79, 81, 86, 89-91, 109, 128-129, 145, 148, 151, 153, 157, 161-162, 171, 174-177, 179, 182, 189-190, 192, 205, 212-213

toque de manos   157

tratamiento de radiación   98

túbulos bronquiales   68

uniones de las neuronas   197

verde   58-59, 92, 110-111, 124-125, 135

vibración central pránica   78-80, 155-156, 176, 180

visión del aura   101, 105, 119

yeso   93

yin y yang   45

Yo soy   8, 15, 20, 28, 75, 77, 81, 113, 133, 144, 152, 174-175, 186-193

yoga   42, 45, 66, 69, 78, 132, 190

zeitgebers   199

zen   42, 76

zurda/o   127, 163

MANTENGASE EN CONTACTO...
¡Llewellyn publica cientos de libros
de sus temas favoritos!

En su librería local podrá hallar otros títulos de la *Nueva Era* publicados por Llewellyn. Lo invitamos a que nos visite a través del Internet: www.llewellynespanol.com.

Ordenes por Teléfono	✔ Mencione este número al hacer su pedido: **K627-0**
	✔ Llame gratis en los Estados Unidos y Canadá, al Tel. 1-800-THE-MOON. En Minnesota, al (651) 291-1970
	✔ Aceptamos tarjetas de crédito: VISA, MasterCard, y American Express.

Correo & Transporte	✔ $4 por ordenes menores a $15.00
	✔ $5 por ordenes mayores a $15.00
	✔ No se cobra por ordenes mayores a $100.00

En **U.S.A.** los envíos se hacen a través de UPS. No se hacen envíos a Oficinas Postáles. Ordenes enviadas a **Alaska, Hawai, Canadá, México y Puerto Rico** se harán en correo de 1ª clase. **Ordenes Internacionales:** Correo aéreo, agregue el precio igual de c/libro al total del valor ordenado, más $5.00 por cada artículo diferente a libros (audiotapes, etc.). Terrestre, Agregue $1.00 por artículo.

4-6 semanas para la entrega de cualquier artículo. Tarífas de correo pueden cambiar.

Rebajas	✔ 20% de descuento a grupos de estudio. Deberá ordenar por lo menos cinco copias del mismo libro para obtener el descuento.

Catálogo Gratis

Ordene una copia de *Llewellyn Español* con información detallada de todos los libros en español actualmente en circulación y por publicarse. Se la enviaremos a vuelta de correo.

Llewellyn Español
P.O. Box 64383, Dept. K627-0   **1-800-843-6666**
Saint Paul, MN 55164-0383